Karl Frenzel

Deutsche Fahrten

Karl Frenzel

Deutsche Fahrten

ISBN/EAN: 9783743365292

Hergestellt in Europa, USA, Kanada, Australien, Japan

Cover: Foto ©ninafisch / pixelio.de

Manufactured and distributed by brebook publishing software (www.brebook.com)

Karl Frenzel

Deutsche Fahrten

Deutsche Fahrten

von

Karl Frenzel.

Berlin.
Verlag von R. Lesser.

Inhalt.

	Seite
Das deutsche Turnfest in Leipzig. 1863.	1
Durch Thüringen und Franken. 1863.	23
In der Stadt Jean Paul's. 1863.	46
Das Schloß zu Heidelberg. 1864.	60
Im Park zu Schwetzingen. 1864.	74
Am Rhein. 1864.	85
Eine märkische Idylle. 1865.	100
Aus Böhmens Königsstadt. 1865.	114
Berliner Bilder:	
I. Die Vorlesungen.	148
II. Im Handwerkerverein.	156
III. Die Theater.	167

Das deutsche Turnfest in Leipzig.
1863.

Viel und oft haben die Philosophen darüber gestritten, unter welchen Umständen sich die Menschennatur am schönsten und eigenthümlichsten offenbare. Je nach ihrer eigenen melancholischen oder heiteren Stimmung entschieden sie sich für den Schmerz oder die Freude. Wenn aber die Dichter und Künstler sich mit dieser Frage beschäftigen, zeigen sie uns die „Blüthe Griechenlands" in einer frohen olympischen Festversammlung, der Homer seine Gesänge vom Zorn des Achill vorträgt, wo um den Altar der Götter die Jünglinge ihren Schwertertanz aufführen, während die Götter selbst auf dem farbigen Bogen Iris an ihrem wolkenlosen Himmel über den Festgenossen dahinziehen. Das bacchantische Trinkgelage, das Alexander in Persepolis feierte, bei dem zum tragischen Schlußeffekt die persische Königsburg verbrannt wurde, bildet einen Glanzpunkt in der Laufbahn des Macedoniers und gewährt einen tiefen Einblick in seinen Charakter. Die Helden, die Troja zerstörten, glaubt Schiller uns am besten schildern zu können — nicht im Tumult der Schlacht, sondern

„siegestrunken,
Reichbeladen mit dem Raub,
Sitzend auf den hohen Schiffen
An des Hellespontos Strand,
Auf der frohen Fahrt begriffen
Nach dem schönen Griechenland."

Und wir nun erst, die kein Troja eroberten und seit fünfzig Jahren keine Schlacht gewonnen haben, denen allerlei häusliche Wirren, die Baumwollennoth und der polnische Aufstand die Stirn furchen, wo könnten wir uns besser gegenseitig kennen und schätzen lernen, als in der fröhlichen Aufregung eines Festes? Ein großer idealer Zug bewegt die materialistisch gewordene Menschheit unserer Tage; scheinbar mag sie ganz in Selbstsucht und Hochmuth — „wie sie es doch so herrlich weit gebracht!" — untergegangen sein, nur für neue Maschinen und den Courszettel noch Auge und Sinn haben, Keinem eifriger nachjagen, als dem Gewinn: tief in ihrem Innern trägt sie das Verlangen nach einer Verbrüderung Aller, nach der Ausgleichung socialer Mißverhältnisse, eine Sehnsucht nach dem gelobten Lande der Freiheit und des Friedens. In dem Denkervolke mußte dieser Zug am schärfsten hervortreten. Gerade weil bei uns die Stammesunterschiede bis zum Jahre 1848 sich noch so schroff und hart gegenüberstanden, war der Wunsch nach einer innern Einigung um so größer. Daß wir uns nicht kannten, das machte zum Theil unsere Feindschaft. In festlichen Zusammenkünften suchen wir uns nun einander zu nähern und einen Herzensbund zu schließen, ehe wir einen Staat „Deutschland" gründen. Darüber mögen die Gegner lächeln und über „Tafelenthusiasmus" spotten; es ist die Geschichte von den sauren Trauben. Weil sie nicht fähig sind, die Seele des Volkes zur Begeisterung zu stimmen, rufen sie: „Thorheit! Schwindel!" Ist eine Amati eine elende Geige, weil ein Stümper nicht darauf zu spielen versteht?

Zum dritten Male feiern in diesen Augusttagen die deutschen Turner ihr Fest in einer Stadt, deren Namen, wenn sie selbst längst vom Erdboden verschwunden sein sollte, in dem Gedächtniß der Menschen fortleben wird. Denn vor ihren Thoren brach die größte cäsarische Gewalt, welche die Welt gekannt, zusammen, nicht durch den Genius eines überlegeneren Feldherrn, durch keinen König oder Helden, sondern durch die Kraft des Volkes, durch die Jugend und die Begeisterung. Welche Gefühle müssen das Herz der Tausende von Knaben und Jünglingen höher schlagen lassen, die jetzt über den Boden wandeln, wo bei Möckern und vor den Thoren Leipzig's ihre Großväter, ihre Väter bluteten! Jeder Fleck Erde ruft ihnen hier zu: sta viator, heroem calcas! — steh still, Wanderer, du trittst die Asche eines Helden! Wie müssen die Bilder dieser Tage und Orte sich unverlöschlich ihrer Erinnerung einprägen, wie muß im Angesicht dieser Gefilde Vaterlandsliebe und Heldenmuth in ihnen erwachen, in ihnen, wie Arndt gesungen „brausen, was nur brausen kann."

Es leben die kleinen Staaten und die kleinen Städte! Diesen Gedanken wird der Wanderer, wenn er durch Leipzig's Straßen im fröhlichen Sonnenschein wandert, nicht los. Nichts Gemachtes, nichts Anbefohlenes, kein Hervordrängen kaiserlicher Pracht, keine Entfaltung von Prätorianerlegionen und Ritterkohorten, alles schlichtweg, demokratisch, gut bürgerlich. Die alten deutschen

Reichsstädte steigen in diesem Anblick wieder auf mit ihrem Reichthum, ihrer Behäbigkeit, ihrem bunten malerischen Leben. Durch die Enge der Gassen, die hohen, graudunklen Häuser, die hier und dort noch Reste mittelalterlicher Architektur bewahren, treten die Kränze, die Fahnen, die Teppiche und Laubgewinde lebendiger und massenhafter hervor. Vom Augustus=platz die Grimmaische Straße hinunterschauend glaubt man einen langen von Fahnen und Eichenlaub über=wölbten Gang vor sich zu haben. Das ist ein Rauschen, ein Flattern, ein Glänzen! Der deutsche Adler, das Turnerzeichen $\frac{FL}{IF}$ grüßen mit einem Gruße, der in so manchem Kerker, durch so manche harte Gefangenschaft, durch Leiden aller Art, Tod und Verbannung seine Weihe erhielt. Das Kreuz war in der römischen Welt das Zeichen und Werkzeug des schimpflichsten Todes, Räuber und Sklaven starben an ihm, aber dennoch „in hoc signo vinces" — unter diesem Kreuzeszeichen siegte Konstantin an der Milvischen Brücke, und das verachtetste Symbol wurde ein weltbeherrschendes. In der Entwickelung der Menschheit spielt das Märtyrer=thum nicht die kleinste Rolle; jeder neue Gedanke, jede neue Phase muß durch Leiden geprüft und eingeführt werden.

Vor vierzig Jahren stand es schlimm mit den vier F und mit der schwarz=roth=goldenen Fahne noch schlim=mer. Die Regierungen verfolgten beide, und die Män=ner, welche bald darauf als die Spitzen des deutschen Liberalismus gefeiert wurden, Heine und Börne — man kann sie nun einmal noch nicht von einander trennen, obgleich der Eine ein großer Poet und ein feiler Sophist, der Andere ein Murrkopf, aber ein Mann war — liebten sie nicht. Jetzt ruft vom Leipziger Rathhaus herab die Bürgerschaft den Turnern in schwarz-roth-goldener Draperie ein riesiges „Willkommen!" zu, und der Kurfürst von Hessen ist gekommen, sich den Turnplatz und die Festhalle anzusehen. Wenn der arme Jahn, den seine Fehler und sein Geschick hier auf Erden genug geplagt, oben im Himmel diese Kunde erhält, kann er mit den Engeln, die gerade um ihn sind, anstimmen: „Wir haben gebaut ein stattliches Haus und drinnen auf Gott vertraut" — nicht auf den Gott der Aristokraten, sondern auf den Gott der armen Leute, den bon dieu Béranger's, der es gern hat, wenn die Erde lustig blüht und seine Menschen, einander liebend, sich freuen.

Alle Farben sind in dem reichen Fahnenschmuck der Häuser vertreten, aber das Schwarzrothgold giebt dem Ganzen den Ton. Eine Fahne, an einem Hause der Reichsstraße, hat sogar echtes „Gold" — in einiger Entfernung schimmert es wie Goldbrokat, und es erregte den lautesten Jubel der Menge, als in dem Zuge der hanseatischen Turner ebenfalls eine solche „goldene" Fahne erschien. Gegenseitig haben sich die Bürger Leipzig's im Schmuck ihrer Häuser überboten, durch die Petersstraße geht man wie durch eine lang sich hinziehende Ehrenpforte. Das Schmale, Enge, Zusammengedrängte der Stadt in ihren älteren Theilen erhöht die Wirkung und giebt dem Ganzen ein Gepräge der Gemüthlichkeit, das harmonisch zu den lachenden, frohen Gesichtern der Menschen stimmt. Die Männer und die Frauen, die Häuser und die Fahnen, alle sagen zu den Vorübergehenden ein einziges „Gut Heil!"

Auf der Südostseite der Stadt, die Zeißerstraße hinab, Connewitz zu, befindet sich der Festplatz. Er bildet ein Rechteck; der Eingang und zwei, sich rechts von ihm ausdehnende Tribünen bilden die eine Langseite, die andere nimmt fast ganz die Festhalle ein. Zelte und Restaurationslokale, die etwas an die Dresdener Vogelwiese erinnern, liegen links, rechts haben sich friedlich ein photographisches Atelier, ein Cigarrenlager und eine Hutfabrik — Hüte von schwarzem Stroh mit bunten Bändern — zusammengefunden. Der mittlere, freie Raum ist zu den Turnübungen bestimmt. Da ragen 200 Recke, 200 Barren, 80 Pferde, 40 Böcke und 80 Springgeräthe auf. Die geringe Anzahl der Böcke scheint mir indeß mit dem Volkssprüchwort: einen Bock schießen, worin doch das deutsche Volk ein gewisses Talent besitzt, in keinem rechten Verhältniß zu stehen. Wer keinen Wettlauf und keinen Wettsprung unternimmt, der wendet sich von den Turngeräthschaften bald zu der Festhalle. Die Erfahrung, die man in Frankfurt bei dem Schützenfest gemacht, hat die Bauherren bestimmt, sie noch fester in der „alten Erde" zu begründen, daß kein Wettersturm ihr schaden könne. Leicht und gefällig aufgeführt, bewahrt die Halle den Character des Improvisirten. Wenn der Mond darüber in der lauen Sommernacht aufgeht, durch die bunten Glasfenster der Widerschein der Gasflammen über den stillen Platz strahlt, empfängt man ganz und voll den Eindruck des Festlichen und Phantastischen. Außen wie innen ist Alles leicht an ihr, Sachverständige versichern, was Liebende im ersten Rausch von ihrer Geliebten zu behaupten pflegen: sie habe keinen Fehler. So lange sie lebt, diese Halle, wünsche ich ihr, daß man keine

Schwäche an ihr entdecke, daß der Gesang volltönig
in ihr wiederhalle, daß jedes Wort der Redner ver=
ständlich, daß jeder Streit aus ihr verbannt sei und
daß, wenn wir sie verlassen, noch das Echo in ihr rufe:
„Das ganze Deutschland soll es sein!" Aus Holz ge=
zimmert, mit Fichtengewinden, Eichenlaubkränzen, Fah=
nen und Bildern geschmückt, fesselt sie freundlich den
Blick. Ihre Maßverhältnisse mögen ein ungefähres
Bild ihrer Größe geben; ihre Länge beträgt 324 Ellen,
die Breite 60, die Höhe durchschnittlich 31 Ellen. Zwei
Hauptthürme, 57 Ellen hoch, flankiren den mittleren
Eingang; an diesen beiden Thürmen befinden sich zwei
Uhren, von denen die eine die Stunden, die andere die
Minuten verkündet. Zwischen den Thürmen zeigt ein
allegorisches Bild, das ein wenig zu hoch angebracht
ist, die Vereinigung der deutschen Volksstämme, links
und rechts in sitzender Stellung zwei weibliche Figuren,
Lipsia und Saxonia, die Bildsäule der Germania krönt
das Ganze. Die mächtigen Fahnen, die dichten Laub=
kränze, die rothen vielfaltigen Vorhänge und Draperien
des Eingangs beeinträchtigen diese bildlichen Darstellun=
gen; um wirkungsreich in das Auge zu fallen, hätten
sie breiter, grandioser ausgeführt werden müssen, jetzt
erscheinen sie nur wie Wappenschilde. Bedeutsamer
hebt sich hinter der Rednerbühne, die dem Eingang
gegenüber steht, in einem Kranz von Eichenlaub ein
Fries von Härtel aus Weimar hervor, den die Huld
der Frau Großherzogin zur Ausschmückung der Halle
geliehen. Er stellt in wohlgelungenen, energisch beweg=
ten Gruppen die Hermannsschlacht dar. Merkwürdig,
daß es kaum ein Bild, eine Dichtung dieser Begebenheit
giebt, in denen die Römer uns nicht eine größere Theil=

nahme einflößten als die Deutschen und den Künstlern nicht vorzüglicher geglückt wären. An den Giebelseiten der Halle liegen die Orchester und an der nördlichen ein Podium für die Sänger. Wieder läßt der Bilderschmuck der Giebel für ein künstlerisch gebildetes Auge das Mächtige und Fesselnde vermissen. Die Pagen an den Außenwänden mit ihren Standarten, darauf die Inschrift „Gut Heil!" haben so gar nichts Turnerisches und so viel von Gliederpuppen. L. Clasen hat acht weibliche Figuren gemalt, welche die vier F verkörpern sollen; kann man die Frische und die Fröhlichkeit malen? Das ist beinahe wie gemalte Musik. Aber bei alledem „ich begrüße dich, prangende Halle!" Sie ist wie die Blume eines Tages; am 9. August soll sie geschlossen werden; dann werden die Kränze verwelkt sein und die Balken werden verkauft werden. Was sagt Hamlet? „Alexander's Staub verstopft das Spundloch eines Fasses."

Am Sonnabend geschah der festliche Empfang der Turner. Auf jedem Bahnhof der Stadt stand ein Musikkorps, die Ankommenden zu begrüßen. Das war ein ewiges Hin- und Herfluthen von dem Rathhaus zu den Bahnhöfen und von diesen zu jenem. Grüße, Hurrahrufe, Gut Heil! Als Heinrich Heine in Paris die Asche Napoleon's nach dem Invalidendom führen sah, meinte er:

"Die Menschen starrten so geisterhaft,
In alter Erinnerung verloren,
Der imperiale Mährchentraum
War wieder heraufbeschworen."

Mir war es gestern, als läge in den Gesichtern der Menschen keine Erinnerung, sondern eine Hoffnung. Wenn so Vieles und Schweres, was unmöglich schien, zu schöner Wirklichkeit geworden, warum sollte nicht noch Größeres sich vollenden?

In Virginien wurde einst ein Neger gefragt, ob er Gott kenne? „Ob ich ihn kenne," entgegnete er mit einer gewissen Entrüstung, „er hat zwei Dinge gemacht, die kein Mensch machen kann: den Schlaf und den Sonntag." Dieser Neger würde in Leipzig an der Allmacht seines Gottes irre geworden sein, denn es gab keinen Schlaf und keinen Sonntag am 2. August. Durch die Sommernacht schwärmten die von dem Festplatz heimkehrenden, in der Morgendämmerung die nach dem Turnplatz hinausziehenden Turner. Auf Reisen pflegt man zwei Klassen von Menschen kennen zu lernen, solche, die auf Stubbenkammer und dem Rigi aufstehen, um den Sonnenaufgang schlaftrunken zu bewundern, und andere, welche nur das Abendroth lieben. Die Turner sind Zwittergeschöpfe, sie sind bei dem einen wie bei dem andern zu finden. Ihre Trommler schlugen die Reveille, um die Grenadiere Napoleon's, die auf dem Schlachtfeld schlafen, aus dem Grabe zu wecken. Kein Wunder, daß die Gassen der Stadt schon in der Frühe von Menschenmassen erfüllt waren. Aus der Umgegend strömten die Bauern hinzu: der Einzelne verschwand, nur die Masse hatte noch ein Recht.

Dies Schicksal traf mit aller Schwere die Redner bei dem Festmahl. „Gut Heil!" steht in riesengroßen, von Strohblumen gefertigten Buchstaben über der Tribüne, allein an ihnen ward das Heil nicht zur Wahrheit. Der Wind, der durch die halb zurückgeschlagenen Vorhänge des Eingangs wehte, trug ihre Worte davon, sie tauchten unter in dem dunklen Gemurmel und Gebrause der Sechstausend, welche die Halle erfüllten.

Durch diese Tonfluth konnten nur Trompetenklänge und der Donner der Böllerschüsse dringen, die bei jedem Trinkspruch abgefeuert wurden. Schon am Tage vorher hatte sich in der Stadt das Gerücht verbreitet, der sächsische Minister, Herr von Beust, werde sprechen! Wie kömmt Saul unter die Propheten? Unter die Gäste wurde ein satyrisches Flugblatt vertheilt: „Herr von Beust unter den Turnern." „Wir machen," heißt es gegen den Schluß darin, „dem Herrn von Beust keinen Vorwurf aus diesen, seiner bisherigen Idee nach zur Herstellung und Erhaltung einer sogenannten starken Regierung nothwendigen Zuständen; wir koloriren nur den piquanten Gegensatz seiner politischen Haltung und Schöpfung mit dem Geiste des Turnerthums." Woher dieser Wind stammt, der jetzt die Fahne Großdeutschlands lustig flattern läßt, wer wüßte es nicht? Der Minister sprach beredt und gewandt, unter lautem Beifall derer, die ihn verstanden oder zu verstehen glaubten. Er meinte, im Grunde seien die Stämme wie die Regierungen Deutschlands auf demselben Wege nach der Einheit, und Sachsens König werde im „Opferbringen" keinem seiner Bundesgenossen nachstehen, er pries Leipzig als die Vertreterin einer großen Vergangenheit und hatte die besten Aussichten für die Zukunft. Idyllischer war die Rede Roderich Benedix's, ein wenig in die Länge gezogen aber gut gemeint, wie seine Lustspiele. Das schönste und edelste Band sei geknüpft zwischen Mutter und Kind; was aber dem Kinde die Mutter, das sei das Vaterland Allen. Die Deutschen hätten für das Vaterland ein heiliges Wort: Heimath, und ein anderes, zur Bezeichnung des tiefsten Schmerzes: Heimweh. So war der Schluß natürlich: „An's

Vaterland, an's theure schließ' Dich an!" Was wären die deutschen Feste, wenn es keinen Schiller gäbe, der für alle Empfindungen unseres Herzens den vielleicht überschwänglichsten aber zugleich unserer Sentimentalität am meisten zusagenden Ausdruck gefunden!

Mit den Alpenrosen, die bei dem Festmahl am Sonntag ein Tiroler aus Kempten, ein Hoch auf die Frauen und Mädchen Leipzig's ausbringend, unter die Festgenossen verstreute, mit ihren prächtigen Fahnen und ihrem Musikkorps, welches den Radetzkymarsch so vortrefflich spielt, daß man sich wundert, wie bei solchen Klängen die Schlacht von Solferino verloren gehen konnte, sind die Oesterreicher rasch die Lieblinge der Einwohner geworden. Sie nahmen denn auch im Festzuge eine hervorragende Stelle ein. Was in Wagner's „Tannhäuser" der Einzug der Herren und Edelfrauen in den Wartburgssaal für die Oper, das ist für eine populäre Feier der Festzug. Den Aufzügen der reichen und stattlichen Gewerke in den flandrischen Städten verdankt die Malerei der Niederländer, wenn nicht ihren Ursprung, doch die mächtigste Anregung. Auf dem Altarbilde der Brüder Van Eyck ist die ganze Menschheit auf einer großen Wanderung nach dem Lamme Gottes begriffen; die Ritter und die Richter, die Mönche und die Einsiedler ziehen an uns vorüber. Nirgends tritt die Farbe mehr in ihr Recht, nirgends, kommt die Musik hinzu, empfängt die Masse ein deutlicheres Bewußtsein von ihrer unwiderstehlichen Macht, als bei solchen Aufzügen, sei es kirchlichen Prozessionen oder weltlichen Triumphzügen.

Gewaltig und großartig wälzte sich der Zug der deutschen Turner vom Augustusplatz durch die engen

alterthümlichen Straßen um den Markt über den Königs=
platz nach dem Schauplatz der Uebungen und des Festes
hin. Man schätzte die Zahl der Theilnehmer auf 18,000;
nicht nur aus allen deutschen Gauen waren sie gekom=
men, Tafeln mit den Inschriften: Pisa, London, Mel=
bourne, Reval, Kronstadt verkündeten die Anwesenheit
deutscher Stammgenossen aus den fernsten Gegenden.
Ein Trompeterkorps zu Pferde eröffnete den Zug, den
einzelnen Turngemeinden wurden von Knaben auf be=
kränzten Fahnenstangen Tafeln mit den Inschriften ihrer
Heimath vorangetragen. Den Festausschüssen folgten
sie in folgender Reihe: Schleswig=Holstein, mit Trauer=
floren um die Banner, Hamburg und Mecklenburg,
Niederrhein und Westphalen; Schwaben; Oesterreich
— einige Turner aus Triest machten auf's Neue die
Zusammengehörigkeit ihrer Stadt mit dem „ganzen
Deutschland" geltend —; Mittelrhein; Thüringen; Han=
nover und Braunschweig; Baiern; Ost= und West=
preußen; Oberrhein; Schlesien; Hessen; Niederweser
und Ems; Mark — wo die Berliner den zahlreichsten
Zug bildeten; Pommern; Provinz Sachsen; Königreich
Sachsen; den Beschluß machte die Leipziger Turn=
gemeinde. Aus den dicht gedrängten, langsam vor=
rückenden Schaaren hob sich Fahne an Fahne, in den
prächtigsten Farben, oft mit kostbaren Stickereien. Da=
rüber hin brauste und rauschte der Willkommengruß der
Zuschauer, das antwortende „Gut Heil!" der Ziehenden.
Alle waren mit Eichenlaub bekränzt, einen Blumen=
strauß hatten sie in der Hand oder vor die Brust gesteckt.
Phantastisch, ganz mit Kränzen behangen, wie Wald=
götter sahen Einige der Südösterreicher aus, mit pech=
schwarzen Haaren und funkelnden Augen, in der Mitte

zwischen dem Knaben= und dem Jünglingsalter. Andere mit breiten Schultern und breiter Brust, hochroth im Gesicht hatten etwas vom König Gambrinus und dem guten Sir John Falstaff, als er mit seinem Prinzen in den Krieg gegen Percy zog. Einer erinnerte mich an jenen glückseligen Wirth, der auf Knaus' Gemälde „ein ländliches Fest" seinen Gästen das Bierfaß vor= anträgt; ob mein Mann ein Brauer war, weiß ich nicht, aber er verdiente ein Faß statt einer Fahne auf seinen Schultern zu haben. Denn die Turnerfahnen soll= ten nur von jungen schlanken Gestalten getragen werden, damit der romantische Hauch nicht verloren geht. Ohne ein Stück Romantik, wie viel ihr sie auch schmähen mögt, werdet ihr doch kein deutsches Volksheer zu Stande zu bringen hoffen!

In und an den Oesterreichern war Alles beweg= lich, lustig, individuelles Leben; sie gingen nicht in fester Ordnung, hierhin tanzte der Eine, zu diesem schönen Mädchen sprang Jener, sie um eine Blume aus ihrem Strauß zu bitten. Selbst ihr Ruf: „Gut Heil!" klang eigenthümlicher, als der aller andern. Den schärfsten Gegensatz bildeten die Preußen zu ihnen. Sie schritten aus wie geschulte Krieger, wenn die Vor= dersten hielten, standen wie auf einen Kommandoruf alle; wenn sie riefen, konnte man nicht mehr die ein= zelne Stimme unterscheiden, es war der Ruf der Masse. Während bei den Oesterreichern das Jugendliche, herrschte bei ihnen das Männliche vor, sogar die klei= nen Jungen, welche die Berliner mitgebracht, schlugen die Trommel und hielten Schritt. Hartnäckig, zäh, sich leicht in taktische Bewegungen fügend, so ist dieser norddeutsche Menschenschlag, der unter einem genialen

Führer das Höchste gleichsam spielend erringt. Unter Perseus zerstäubt die macedonische Phalanx vor dem ersten Ansturm der römischen Legion, unter Alexander ist sie die Gebieterin der Welt. Aehnlich die Preußen; dieselbe Ordnung, die Friedrich der Große zum Siege leitet, hat bei Jena keine Widerstandskraft... Man kann einem Turnerzug, der 1½ Stunde endlos scheinend vorüberwogt, nicht ohne kriegerische Gedanken, ohne Zukunftspläne und Erinnerungen nachblicken. Wenn die Königin Victoria von England Thränen der Freude vergoß, als sie zum ersten Male die Freiwilligen London's vorbeimarschiren sah, wem sollte da das Herz nicht höher schlagen diesen Tausenden gegenüber, so muthiger Jugend, so ritterlicher Haltung? In ihnen ruht die Zukunft des Vaterlandes. Noch hat die deutsche Turnerei keine Vergangenheit und kein historisches Recht; mehr den Hoffnungen, die sie erweckt, als den Verdiensten, die sie sich schon erworben, gilt dies Fest, der Schmuck der Häuser, der Gruß der Frauen, der Zuruf Aller.

Farben genug waren im Zuge; einen sehr gefälligen Wechsel zwischen den grauen Jacken brachten die bunten Kappen der Leipziger Studenten hervor; neben den seidenen Bannern erhoben sich natürliche: mächtige Baumäste von Linden und Eichen, in deren Laub schwarz-roth-goldene Bänder geflochten waren, als wollte man ein Stück des deutschen Waldes und der deutschen Poesie mit auf den Festplatz nehmen. Aber eins fehlte — und der Zug verlief zuletzt ein wenig eintönig, wie der Rhein im Sande. Die Musik war so spärlich vertreten, wie es im Grunde bei dem durch seine Gesangeslust weltberühmten deutschen Volke gerade nicht hätte geschehen sollen. Sechszehn bis zwanzig Musikkorps verklangen in dem Stimmengewirr dieser Schaaren. Trompetenklänge, Trommelwirbel hätten unaufhörlich die Reihen auf und nieder schallen müssen. Die Seele des Volkes bei einem Feste gleicht einem hellklingenden Glase, aber sie tönt nur, wenn sie angeschlagen wird, und diesen Anschlag giebt ihr die Musik. Sie ist die Erweckerin der Begeisterung. Trotz all' unserer Volkslieder besitzen wir keinen Gesang, der sich mit dem „Allons enfants de la patrie" der Franzosen, ja nur mit dem „Rule Britannia" der Engländer oder dem „Yankee-Doodle" der Amerikaner vergleichen ließe und dieselbe dämonisch ergreifende Gewalt hätte. „Was ist des Deutschen Vaterland?" Eine ewige Frage und Klage zugleich. Ein deutsches Sturmlied haben wir freilich, ein hohes, heiliges, bei dessen Klang man auch das Leben eingesetzt hat; aber für den Kampf unserer Tage will es sich nicht eignen, das Lied: „Ein' feste Burg ist unser Gott, eine gute Wehr und Waffen". Oder thu' ich unseren katholischen Brüdern Unrecht? Sagen auch sie, wo wir Alle in der Turnerei die zukünftige Wehr des Vaterlandes zu begründen streben: „Ein' feste Burg ist unser Gott!?"

Wenn man auf der Nordseite Leipzig's, durch Gohlis an jenem schlichten, mit einem kleinen Vorgarten geschmückten Hause vorbei, in dem, wie eine Tafel besagt, Schiller wohnte und das „Lied an die Freude" dichtete, auf der Fahrstraße nach Halle zu, eine stattliche Pappelallee entlang fährt, gelangt man mit guten Pferden in einer halben Stunde nach Möckern. Es giebt keinen Namen in der Geschichte der Befreiungskriege, der einen heroischeren Klang hätte; Leipzig, Waterloo klingen voller, die Katzbach und Dennewitz sahen herrlichere Siege, aber der blutigste Streit tobte hier, dies Dorf wurde Zeuge heldenmüthigster Thaten. In ihr stieß das York'sche Korps mit den Truppen Marmont's in den Nachmittagsstunden des 16. Octobers zusammen. Später ist von Kriegskundigen dem Eisenkopf York vorgeworfen worden, er hätte durch eine andere Schlachtordnung das mörderische Dorfgefecht vermeiden und den Feind zum Rückzug nöthigen können. Aber es geschah nicht, die Landwehr sollte in diesem Häusergewirr ihre Bluttaufe erhalten.

Dem Getümmel der Festhalle entflohen, in der wieder bei fröhlichem Mahl die Genossen zusammensaßen und nach einander Angerstein, Schaffrath, Träger, Benedey patriotische Trinksprüche ausbrachten, erreichte ich am Spätnachmittage das Dorf. Rechts von der Fahrstraße dehnt sich ein weites, ebenes Blachfeld, im leisen Winde wogten die Aehren eines Kornfeldes, einzelne weiße Wolken durchflatterten das glänzende Blau des Himmels. Eine idyllische Stimmung lag über der Gegend. An dem neuen Kirchhof des Dorfes mit seinen ärmlichen Gräbern kommt man vorüber, in weiterer Entfernung erheben sich die Gebäude eines Herrenhofes, dem Dorfeingang gegenüber steht von einem Gitter umhegt ein einfacher Gedenkstein; „16. Oktober 1813" — „Sieg des schlesischen Heeres, Blücher, York" lautet seine Inschrift. Wer doch die Harmonie der Welt erkennen könnte! Dies Denkmal und darüber ein friedlich goldiger Abend, in Wahren schlug die Uhr der Kirche, um ihren Hirten weidete eine Heerde, eine andere wurde zusammengetrieben, eine glitzernde Staubwolke umschwebte sie. Möckern zieht sich langgestreckt und schmal in einer Senkung zwischen der Fahrstraße und der Elster, die hier ruhig und ohne Fall zwischen niedrigen weidenumbüschten Ufern fließt, ein Viertelstunde hin. Das Dorf brannte in der Schlacht nieder, nur ein alter Thurm, dessen in den Schlachtberichten Erwähnung geschieht, ragt noch unweit des Flusses auf. Am Ausgang des Dorfes fällt das stattliche, neugebaute Herrenhaus mit seinem Garten, seiner modernen, nicht ungefälligen Form dem Wanderer angenehm auf. Geräumig ist der Hof, zwei gewölbte Portale führen ein und aus. Hier war ein Stützpunkt der französischen Stellung. Ein holländisches Landschaftsbild bietet die Seite nach der Elster hin. Flaches Land, mit den langen, gewundenen Furchen, welche die Wagenräder so eigen grau über den Boden ziehen, das Wasser klar, von Weiden überrauscht, mit hölzernen Brücken, den Blick abschließend ein Birkenwäldchen, an einer Krümmung des Ufers rauscht, fast im Wasser stehend, ein Baum im Winde, die Häuser mit ihren kleinen Fenstern und weißgetünchten Mauern sind nur wenig sichtbar: Ruysdael oder Hobbema könnten das malen. Und nun doch hier die Stätte eines schrecklichen Gefechts, eines Bruderkampfes, denn auch hier focht eine würtembergische Brigade mit den Franzosen vereint gegen die Preußen. Jedem, der die Dorfgasse hinauf wandert, wird durch die Terrainbildung die Schwierigkeit des Angriffs klar, den die Preußen in der Front auf die Franzosen unternahmen. „Alle Gefechtsleitung", wie Berneck sagt, „hatte aufgehört; Trupps von 30 bis 40 Mann, bunt gemischt aus allen Bataillonen, stürmten Gehöft für Gehöft und machten Alles nieder."

Endlich gelang es den Preußen, wie mir erzählt wurde, durch die Führung eines Bauern, den Feinden in den Rücken am Elsterufer zu kommen. Dies entschied das Gefecht im Dorf. Draußen auf dem Blachfelde war es dann, wo York den litthauischen Dragonern zurief: „Hier blüht euer Weizen", und sie auf die französischen Quarré's warf... Wird noch einmal ein Bruderkrieg zwischen Norden und Süden Deutschland zerfleischen? Ist ein neuer Rheinbund unmöglich? Oder sollten sich auch an uns die Verse Virgil's schrecklich erfüllen:

— inter sese paribus concurrere telis

Romanas acies iterum videre Philippi —
zweimal sah Philippi die römischen Schlachtreihen mit gleichen Waffen aufeinanderstoßen?

Die erhebende Feier am Morgen des 5. August's scheint indeß das Vorzeichen einer besseren Zukunft zu sein. Mit wunderbar gemischten Empfindungen verläßt man ein Schlachtfeld, auf dem um die Freiheit gestritten ward. Wir beklagen die Todten, wir auch wünschen, daß es kein Schwert und keinen Krieg auf Erden gäbe; aber zugleich erheben wir Herz und Hand: gesegnet die Männer, die hier fielen! „Wenn nach dem Tode Alles vorüber ist, so sind sie glücklich, sie starben im Vollgenuß ihrer Kraft, in der Erfüllung der schönsten Pflicht; leben sie aber fort in einer andern Welt, wie groß wird dann der Lohn sein, den die Götter den Tapferen spenden": damit tröstete ein athenischer Redner die Bürger. Wir aber setzen hinzu:

„Der Gott, der Eisen wachsen ließ,
Der wollte keine Knechte."

Möckern ist ein deutsches Marathon, ein Löwe sollte im ehernen Bildwerk auf diesem Boden ruhen.

Es war ein glücklicher Gedanke, das Turnfest mit der Feier der Leipziger Schlacht zu beschließen. In ihr fand sich das vielfach Zerfahrene, Auseinandergehende wieder zusammen. Ueber die Turnübungen hat der Tourist selbstverständlich kein Urtheil, er verzeichnet nur den außerordentlichen Beifall, den die Leipziger mit ihrem Schauturnen erwarben, und nennt als Sieger in den Wettkämpfen des Laufens, Springens und Werfens einen Berliner, Hamburger und Münchener. Wenn er sie nicht wie Pindar die olympischen Helden besingen kann, so trägt nicht er, sondern die schlechte Einrichtung Schuld, die es den Journalisten bei allen Festlichkeiten fast unmöglich machte, einen Namen zu verstehen oder eine Rede aufzuzeichnen. Selbst für die einheimische Presse war so wenig gesorgt, daß die Stenographen die Festrede am 5. August im Mittagssonnenbrand auf ihren Knieen, wie Humboldt seine Briefe zu schreiben pflegte, mitschreiben mußten. An Massenhaftigkeit hatte der Zug wie die Zuschauermenge auf dem Festplatz verloren. Die leeren Tribünen — auch sie gehören mit ihren für die Meisten zu hohen Eintrittspreisen nicht zu den glänzenden Seiten des Festes — störten die Harmonie, die man so gern dem Gesammteindruck gewünscht. Desto schwungvoller erhob sich die Rede, die Heinrich von Treitschke hielt. Mir fällt die Festrede des Isokrates ein, mit ihr läßt sie sich am füglichsten vergleichen. Sie hatte nichts von dem übertriebenen, fast phantastischen Styl, in dem sich Burke und Vergniaud gefielen, nichts von jenen mächtigen Aufwallungen, die wie Trompetengeschmetter durch die Reden von Fox und Mirabeau rasen: es war das kunstvoll ausgearbeitete Werk eines gebildeten Geistes, eines feines Sinns und glücklich angewandter Gelehrsamkeit. Eine warme Begeisterung für die Freiheit und das Vaterland erfüllte sie. Wie anders, so etwa begann der Redner, hat sich Deutschland in den fünfzig Jahren seit seiner Erhebung auf allen Gebieten entwickelt und gestaltet. Wo einst nur der Schmuggler in seiner Yolle die Nordsee durchkreuzte, da blüht jetzt deutscher Handel, bis in die fernsten Theile der Welt gehen deutsche Schiffe, deutsche Producte. Und daheim weilt der Blick auf reichen mächtigen Städten, jede in eigener Weise, Sitte und Bildung hervorragend. Geebnet sind die Wälle, gebrochen die Mauern. Wo noch vor Kurzem an der Weser eine wüste Stätte lag, erhebt sich jetzt, rasch aufgewachsen, wie eine australische Stadt, Bremerhaven. Ueberall kommt der Adel der Arbeit zur Geltung. Deutsche Kunst und deutsche Wissenschaft hat eine höhere Blüthe gesehen, aber niemals hat sie in einem innigeren Verkehr mit dem Volk, mit allen seinen Ständen gestanden als jetzt. Aus solchen Vorbedingungen erwachsen die nationalen Feste der Schützen und Turner. Von allen Völkern haben nur die Griechen dem Aehnliches gehabt. Das Turnen übt die Mannzucht und soll uns die Herrschaft über den gestählten Leib geben, es ist der Anfang einer neuen Wehrverfassung. In ihr bildet sich die echte Demokratie, welcher die Zukunft Europa's gehört. Die parlamentarische Bewegung, die augenblicklich unterdrückt ist, setzt sich in Turn- und Schützen-Vereinen fort; sie ist nicht mehr zu ersticken. Eher mögt ihr dem Winde gebieten, aufzuhören zu rauschen, als ihr die Bewegung des Volkes aufhalten oder hemmen könnt. Ja, es geschehen noch Zeichen und Wunder. Die

Fahnen, um die so viele in Kerkern ihre Jugend vertrauern mußten, sie wehen jetzt stolz und frei. Vieles errangen wir, nur eins nicht: das politische Band, das uns verbindet, ist lose und schwach. Im Rathe der europäischen Völker ist Deutschland rechtlos und unvertreten. Dänemark herrscht als tyrannischer Sieger über einen der edelsten deutschen Stämme, und nicht nur dort am Rande unserer Grenzen ist das Recht gebeugt und gebrochen. Freudig erheben wir das Haupt, im Hinblick auf unsere Bildung, nicht im Gedanken unserer politischen Stellung. Aber das deutsche Parlament wird wiederkehren, nicht Ob? nur das Wann? ist noch eine Frage. Ueber politische Parteiungen hinweg, bekundet sich in diesen volksthümlichen Festen das Gefühl der Einheit in uns Allen, wir sind ein Fleisch, ein Blut, und Niemand, wenn er nur die Geschichte des Vaterlands betrachtet, kann sagen, wer von den deutschen Stämmen das Edelste gab, wer das Größte empfing. So erkämpften die Preußen die Befreiung, so schlugen die Süddeutschen die ersten schweren Schlachten des Parlamentarismus. Jedes Vorurtheil des Partikularismus laßt fahren, verachtet die Pharisäer, die jubeln, wenn in einem deutschen Staate das Recht gebrochen wird, weil es bei ihnen nicht geschehen könnte. Dann wird später die politische Einheit nur wie der Kranz der Zinnen erscheinen. Auch 1813 hielten Viele den Sturz Napoleons für unmöglich: damals sagte Oberst Below zu seinen Dragonern in Tilsit: „Ich werde euch in die Hauptstadt des Feindes führen," und im Ausgang des März 1814 zeigte er ihnen von der Höhe des Montmartre das eroberte Paris. Der Redner ging hier näher auf die Kämpfe jener Zeit ein, er ermahnte uns, dem Geschlecht, das auf diesen Ebenen geblutet, die Unsterblichkeit zu sichern; er erinnerte uns, daß auch der Geringste zur nationalen Erhebung mitzuwirken bestimmt sei, und schloß mit einem: „Es lebe Deutschland!" Ueber dem stürmischen Jubel der Menge erhob sich ein stärkerer Windhauch und ein mächtiges Fahnenrauschen ging über den weiten Platz; es war, als winkten die Unsterblichen segnend unseren Hoffnungen zu. Jener begeisternde Zug, der voll und ganz nur bei dem Empfang der Turner, auf dem Markt, bei dem Beginn des großen Festzuges über Allen geschwebt, war wieder da und, als hätte die Natur diesmal ein gewisses sympathisches Mitgefühl mit unseren Empfindungen gehabt, brach bald nach dem Schluß der Feierlichkeit ein gewaltiger Sturm aus, der die Festhalle in ihren Grundfesten zu erschüttern drohte. Aber sie blieb aufrecht, unerschüttert das Standbild der Germania, unerschüttert die schwarzrothgoldenen Fahnen, nur stolzer rauschten sie, nur gewaltiger, den Donner des heraufziehenden Gewitters übertönend, brauste die Musik und der Gesang der Männer:

„Deutschland, Deutschland über Alles,
Ueber Alles in der Welt!"

Durch Thüringen und Franken.
1863.

I.

Von den Städten Thüringens ist die berühmteste Weimar. Keine Stadt, es ist nur ein Schloß: sagte Frau von Staël von diesem Ort, als sie ihn, Schiller und Göthe kennen zu lernen, besuchte. Diesen Charakter bewahrt Weimar noch heute. Das Schloß mit seinem Park, die Häuser Göthe's, Schiller's, Wieland's, Herder's, Erzbilder hier und dort, Denkmale im Garten, ein kleines auf einer Anhöhe gelegenes Häuschen, Göthe's Gartenwohnung, der Fels mit der eingehauenen Inschrift an Charlotte von Stein:

„Hier im Stillen gedachte der Liebende seiner
Geliebten"...

dies allein ist Weimar. Das Ganze schaut aus wie eine steingewordene Erinnerung. Mit ähnlichen Gefühlen, wie der Wanderer über das Forum von Rom schreitet, wandelt man in diesen Gassen auf und nieder. Keine Spur des modernen Lebens und Drängens; keine Fabriken, kein Verkehr. Selten hört man einen Wagen über die Straße rollen. Die Gespräche der Bewohner wenden sich von der Gegenwart hartnäckig zur Vergangenheit zurück. Unwillkürlich gewinnt dadurch der „Cultus des Genius" hier etwas Mumienhaftes. Diese

Erstarrung läßt den Reisenden nicht warm werden. Noch dazu das strenge ceremoniöse Wesen der Kleinstädter, die sich für Athener halten: es ist seltsam, daß nicht alle gebildeten Männer Weimar's mit einer weißen Cravatte oder dem Professorentalar geboren werden. Der Hof lastet mit einer gewissen Schwere auf der Stadt, das Schloß drückt, auch in der Lage, die Stadt, es beherrscht sie nicht, wie die stattliche Burg auf dem Hügel das gefällige Gotha. Den einzig reinen Genuß empfängt der Besucher in dem großen, schönen, mit prächtigen Baumgruppen gezierten Park. Die Ilm rauscht an ihm vorüber, mit leichtem Fall, ein kleines grünliches, stark rauschendes Gewässer. An ihrem Ufer ziehen dunkle Baumreihen hin, zuweilen steigt der Weg den Fels hinan, erweitert sich zu einem breiten kreisrunden Platz, läuft an Borkhütten, an jenem Stein mit der sich ringelnden Schlange vorüber, der die Worte trägt: „Dem Schutzgeist dieses Ortes"... Sanft steigt der Mond herauf und versilbert die Wipfel, tief dunkel heben sich die Aeste gewaltiger Eichen und Linden von den mattglänzenden Wolken ab, während verstohlen ein Strahl durch das Laub hindurch schlüpft über den Rasen hin. In der Stille der Nacht klingt vernehmlich das Rauschen der Ilm:

„Fließe, fließe, lieber Fluß!
Nimmer werd' ich froh!
So verrauschte Scherz und Kuß
Und die Treue so."

Wen die Erinnerungen nicht fesseln, den werden die Merkwürdigkeiten Weimar's nicht lange festhalten. Die Erben Göthe's bewachen sein Haus wie der Drache Fafner den Schatz der Nibelungen. Langgestreckt, ein-

stöckig, nimmt es die eine Seite eines kleinen, unregel=
mäßigen Platzes ein. Ein Brunnen steht ihm gegen=
über, die meisten der anderen Häuser haben einen
modernen Anstrich erhalten, auch die Laterne kannte
der „Herr Geheimrath" wohl nicht vor seinem Fenster.
Drei Stufen führen zur schmalen Hausthür. Im
besten Falle erhält der Bittende die Erlaubniß, die
breiten hölzernen Treppenfluchten hinaufzusteigen. Den
Raum vor den Wohnzimmern zieren einige Antiken,
Gipsabgüsse, ein Plan des alten Rom's; die Zeichnung
der Rondaninischen Meduse, die sonst den Hinauf=
steigenden entgegenstarrte, schrecklich und schmerzlich
schön, bemerkte ich diesmal nicht. Dafür stand neben
der ehernen Bildsäule eines betenden Knaben ein Ge=
stell zum Aufhängen von Hüten und Kleidern. Eine
außergewöhnliche Begebenheit — das Künstlerfest —
verschaffte noch einigen Bevorzugten den Eintritt in
die „Göthe'schen Sammlungen". Man erwarte nichts
Bedeutsames, die „Raritäten", die Liebhabereien herr=
schen vor, bunte Tassen, bunte Teller. Dazwischen ein
Abguß der Juno Ludovisi, eine Copie nach Tizian:
„Die irdische Liebe". Mappen stehen genug umher,
mit Kupferstichen und Zeichnungen, sie zu öffnen ver=
bietet der alte Diener, der schon so eins mit der todten
Excellenz geworden, daß er immer nur „wir" sagt.
„Hier aßen wir, hier tranken wir Thee." Und nun
stelle man in dies Gehäuse, in diese verknöcherte Welt,
die auch, wie Faust ruft, „ein angeraucht Papier" um=
hüllt, den Göthe, den wir uns denken, wie er ein
Apollokopf in Marmor in der Bibliothek Weimar's
steht, ein Entzücken und ein Wohlgefallen all' denen,
die er je tiefinnerst im Herzen gerührt ... wahrhaftig,

von allen Wunderlichkeiten dieser Erde ist der Mensch die größte und unerklärlichste. In dieser Umgebung, aus der das Geheimräthliche, das Schrullenhafte gleichsam athmet, wo Nichts uns frei und groß und schön anmuthet, und wiederum auch Nichts einfach, schlicht, beschränkt ist, wie etwa in Schiller's Hause, wo man die Empfindung hat: aus dieser engen Welt mußte der Genius sich mit gewaltigem Flügelschlag erheben, hier ward geschrieben:

„Das ist der Weisheit letzter Schluß:
Nur der verdient sich Freiheit wie das Leben,
Der täglich sie erobern muß!"

Der Dichter ist nicht vom Menschen zu trennen, und dennoch welch' Unergründliches liegt zwischen beiden! Freundlicher entspricht das Schiller=Haus unseren Erwartungen, wenigstens das Arbeitszimmer des Dichters ist unverändert geblieben. Ein langer hölzerner Tisch, eine einfache Bettstelle — Schiller ist darin gestorben — ein altmodisches, kleines, längst verstimmtes Clavier, dem die Hand nur noch melancholische Töne entlockt: das ist Alles, was hier an die Gegenwart und Leiblichkeit unsers großen Volksdichters mahnt. Wie gering und doch nicht bedeutungslos! Mit einem Gefühl der Rührung, das sich nicht überwältigen lassen will, scheidet der Wanderer von dieser Stätte. Rietschel's Gruppe der beiden Dichter, mit dem unglücklichen Lorbeerkranz, den Goethe hält und nach dem Schiller die Hand ausstreckt, nimmt sich auf dem schmalen Platz vor dem kleinen Theater, das in seiner Architectur weit hinter dem zu Gotha zurücksteht, nicht vortheilhaft aus. Sie ist zu schwer und groß dafür. Viel würdiger erhebt sich Herder's Erzbild vor der Hofkirche, selbst der Platz für Wieland's Statue, im Schatten eines Baumes, ist besser gewählt.

Ein Hof, eine Stadt, die solche Zeiten gesehen, wie die Epoche der Idealität und der genialischen Menschen es war, suchen nicht nur ihr Andenken lebendig zu erhalten, sondern streben auch nach einem Ersatz für das Verlorene. Weimar ist so erst der Sitz der Zukunftsmusik gewesen und jetzt das Asyl der aristokratischen Maler geworden. Rechts vom Schlosse und dem Park führt der Weg hinauf nach dem Schießhaus, dort seitwärts auf einer Anhöhe liegt die Altenburg, bis vor Kurzem die Wohnung von Franz Liszt. Im September 1857, bei dem Feste der Enthüllung der Dichterstatuen, sah ich ihn noch im Theater mit goldenem Taktirstab auf blumenbekränzter Tribüne ein zahlreiches Orchester dirigiren. Aber die Gunst der Großen ist vergänglich wie Sonnenschein im April. Liszt sitzt zu Rom in einem Kloster und arbeitet im Abatenkostüm nur noch an kirchlichen Compositionen. Der Hof hat sich von der Musik ab der Malerei zugewandt. In der Weimarer Malerakademie, die unter dem Grafen Kalckreuth steht, finden sich fast nur adelige Namen — junge Leute, die den Preußischen Offizierdegen mit der Palette und dem Pinsel vertauscht haben. Mit Vorliebe wird die Landschaftsmalerei gepflegt. Der eigenthümlichste Geist unter ihnen ist Genelli: ein älterer Mann, grauhaarig, mit sokratischem Gesicht. Vortrefflich sind seine Zeichnungen: das Leben des Wüstlings, das Leben der jungen Hexe. Zuweilen hat er die Griechische Mythologie nicht ungefällig mit romantischen Elementen verbunden, aber ein Maler

im großen Sinn und Styl, verständlich für Alle, ist
er nicht, und seine Neigung zum Ungewöhnlichen hat
ihn zuletzt zum Barocken und Unnatürlichen geführt.
Er gefällt sich in einer Auslegung der alten Mythen,
die an Kreuzer's Symbolik erinnert. Sein „Herkules
bei der Omphale" spinnt nicht, wie wir Alle gelernt,
am Rocken, sondern singt zur Leier, bekränzt, wie Apollo.
Das Unglaubliche zeigt sein jetzt ausgestelltes Bild:
„Jupiter und Amor, die auf den Flügeln der Nacht
zu Liebesabenteuern eilen". Eine Gestalt, unschön,
widerlich, in der Farbe von einem häßlichen gelben
Sandton, soll die Nacht vorstellen, an einem ihrer
Flügel scheint Jupiter gleichsam festgeknebelt, Amor
reitet auf dem andern: Idee wie Ausführung verletzen
in gleicher Weise das feinere Gefühl.

In der Nähe Weimar's hat das Lustschloß Belvedere
einen gewissen Ruf. Nur kann es sich nicht mit andern
Thüringischen Landsitzen vergleichen und sein anmuthi=
ger Park besitzt doch keinen bestrickenden Zauber. Es
war der Lieblingsaufenthalt der Mutter des jetzt regie=
renden Großherzogs, einer Russischen Prinzessin. Das
Schloß ist klein, es macht den Eindruck einer Privat=
besitzung, nichts Stattliches, Fürstliches. Die armen
Bäume seiner Orangerie lassen unter dem feuchtkalten
Himmel traurig ihre Blätter hängen und murmeln
ganz im Stillen die Verse aus Mignon's Lied. Neben
dem Schloß liegt eine Wirthschaft, von der man die
lieblichste Aussicht über Weimar genießt. Merkwürdig,
welch' kleinen, unscheinbaren Erdenfleck braucht doch
der Mensch, um das Höchste und Schönste zu erzeugen
— Gebilde der Phantasie, Faust, Wallenstein, Clärchen

und Mignon, die länger leben als die Werke aus der
Hand des Schöpfers, denn die Bäume sterben wie wir,
aber kann Mignon in's Nichts versinken?

II.

Der Herzog von Coburg ist ein vielbeneideter Mann,
die Einen möchten seinen Reichthum, die Andern seine
Volksbeliebtheit haben: ich nun beneide ihn um drei
seiner Schlösser, um Reinhardsbrunn, die Feste von
Coburg und Kallenberg. Gegen Gotha und Coburg
gehalten macht Weimar den Eindruck des Gedrückten
und Eingeschnürten. Durch eine stattliche Straße, zu
beiden Seiten von Pappeln begrenzt, zur linken Hand
das Schloß mit einem prächtigen den Hügel sich hinab-
windenden Garten, fährt man in Gotha ein. Vom
Einfluß des Hofes keine Spur, die Bürgerschaft ist reich,
unabhängig, in einem gewissen Gegensatz zu den Regierenden, der sich in Coburg noch entschiedener ausspricht. Dazu herrscht zwischen den beiden Städten
selbst eine nicht geringe Nebenbuhlerschaft und Eifer-
sucht; „der stolze Franke," soll einmal der Bürgermeister der einen Stadt gerufen haben, „beugt sich dem
Thüringer nicht!" Wie aus dem Mittelalter heraus
klingt das! So mag es nicht angenehm sein, als Herzog
auf diesem Boden zu stehen — aber die herrlichen
Schlösser besitzen, das ist ein Anderes.

Reinhardsbrunn liegt auf welligem Boden, bald

sanft ansteigend, bald sich senkend, zieht sich sein Park an den Lehnen der dicht und dunkel bewaldeten Berge hin. Eine Reihe Teiche, binsenumrauscht, mit grünlich klarem Wasser, einer höher als der andere gelegen, giebt dem Ganzen seine Eigenthümlichkeit. Hohe mächtige Bäume stehen umher: wie große, blitzende Augen schauen die Wasserflächen aus ihnen hervor: reizend, wenn der Nachmittagssonnenstrahl über sie hin leuchtet, träumerisch, wenn das Mondlicht um die Binsen und das Schilfrohr seinen Glanz spinnt und seine silbernen Furchen durch das Wasser zieht. Das Schloß ist neu ausgebaut, in modern gothischem Styl, ein Mittelding zwischen deutschen Burgen und englischen Schlössern. Von seinem Balkon aus geht der Blick weit in die Ferne und bleibt zuletzt doch in der Nähe auf den hochbewaldeten Bergen haften. Wohin man kommt, überall lernt man die Klugheit — oder sage ich das Naturgefühl? — der Mönche bewundern, die sich stets, vielleicht den einsamsten, sicherlich aber auch den schönsten Punkt einer Gegend auszusuchen wußten. So ist Reinhardsbrunn ursprünglich ein Benedictinerkloster gewesen, von Ludwig dem Springer gestiftet. Jetzt läßt der Herzog statt der alten Kapelle eine neue an das Schloß bauen, und so werden bald auch die letzten Spuren der früheren Bewohner und Besitzer dieses schönen Erdenflecks verwischt sein. Sonntags ist hier ein lebhaftes und buntes Treiben. Aus Gotha kommen die Bürgerfamilien, aus dem nahen Friedrichroda die Badegäste herüber. Unter der Menge fallen zuweilen einige Thüringische Bäuerinnen mit ihren Kopftüchern auf; die ehemalige Nationaltracht hat sich längst verloren, selbst in der Römischen Campagna macht das

Kattunkleid und der Reifrock den alten Gewändern den Vorrang streitig. Nur das Kopftuch scheinen die Frauen und Mädchen des Dorfes nicht ablegen zu können. Dann ist viel Musik und Lärm auf dem Platz; in dem Saal des Wirthshauses, oder auch auf dem Rasen davor wird getanzt ... und inmitten all' dieser Lustigkeit, in diesem heiteren Leben ruhen die Teiche still und unbewegt, die Binsen und das Schilf nicken darüber. Einige Mal während des Sommers steht dem Orte ein besonderes Fest bevor: die Erleuchtung der Marienhöhle.

Durch den Park des Schlosses, in den Wald hinein, gelangt man an den Fuß eines Berges. In seinem Innern birgt er die Marienhöhle, so von dem Marienglase genannt, das ihre Wände bedeckt und früher hier gebrochen wurde. Ueber der Höhle in etwa sechsfach größerer Ausdehnung breitet sich der „Herzog Ernst-Stollen" aus, der noch auf Gips bearbeitet wird. Die wenigen Lichter können diesen oberen Raum nur nothdürftig erhellen. Ein Halbdunkel läßt die Felsmassen phantastischer, die Nischen und Vertiefungen schauerlicher und schrecklicher erscheinen. Von der Hinterwand der Höhle strahlt dem Eintretenden in rothem Licht ein mächtiges „Glück auf!" entgegen. Zitternd und flirrend irrt der Lichtschein hin und her, hier tritt eine Felsbildung wie der Kopf eines Gnomen schärfer in ihm hervor, dort schleicht ein langer Schatten gleichsam drohend hin. Ein Tanzplatz für Hexen und Zwerge, dessen Wirkung nur durch den Zauber der Marienhöhle geschwächt wird. Die Marienhöhle möchte ich mit dem Boudoir einer Dame aus der Rococozeit vergleichen. Man kennt die Muschelsäle, die mit Steinen, Perlmutter und Korallen ausgelegten Grotten, die damals so beliebt waren: ähnlich, nur mit dem Unterschiede, daß sie eine vollendete Schöpfung der Natur ist, während jene von der Künstelei geschaffen wurden, sieht die Marienhöhle aus. Der Raum ist klein, mit einigen Nischen hier und da. Um ihn zu erleuchten, haben die Bergleute das Licht nicht geschont. Das Material, aus dem die Höhle sich aufbaut, kommt ihnen zu Hülfe. Wie das blitzt und funkelt, bis hoch oben zur Wölbung! Kein Kronleuchter aus Glas hat so schöne Krystalle aufzuweisen, wie sie hier von den Wänden sich abheben. Der Eindruck ist ein durchaus freundlicher, magischer; aus dem Reich der Gnomen sind wir in das lichtere der Feen versetzt. Ueber uns Dämmerung und Finsterniß, ein Gespenstisches, das uns unerwartet aus einer dunkleren Ecke, drüber nur der schwächste Lichtstrahl hingleitet, anstarrt, unten ein Hauch vom Elfenzauber; die Höhle mit den kostbaren Gesteinen, die Aladdin's Wunderlampe erhellt.

Steigen wir aus der Tiefe wieder zum Tageslicht, so umgiebt uns der Frieden und die Einsamkeit eines Tannenwaldes. Ein Häuschen mit Schindeln gedeckt, mit einer Weinblattlaube und einem Gärtchen davor, schmiegt sich an den Bergabhang. Schlank mit den hängenden Zweigen stehen Tannen umher und Fichten. Weiter hinab, dem Schlosse zu, fließt ein Bach an dem Pfade entlang, mit sanftem Gemurmel unter den Weiden die Abendstille unterbrechend. Reinhardsbrunn war unbewohnt; der Herzog auf dem Fürstentage, seine Gemahlin und der Hof in Coburg und den dortigen Schlössern, der englischen Königin wegen, die dort in Rosenau, Jedem den Eintritt weigernd, ihren Erinne=

rungen mit einem gewissen selbstmörderischen Hange nachlebt. Auf den Steinbänken im Hofe saßen plaudernd die Diener. Die Besucher tummelten sich auf dem Platz vor dem Wirthshause, von dort her über die Teiche kamen die Klänge eines Waldhorns melodisch durch die weiche Sommerluft gezogen: ein Thüringisches Volkslied wurde geblasen, das Herz bestrickend.

Von Gotha über Eisenach geht die Werra-Bahn nach Coburg. Der erste Theil der Fahrt bis gegen Hildburghausen gewährt einen Einblick in die Felsthäler des Thüringer Waldes und ist nicht ohne malerischen Reiz. An Einwohnerzahl Gotha nachstehend, hat Coburg doch ein reicheres und lustigeres Volksleben. Eine altfränkische Stadt, mit Brunnen, die fortwährend rauschen, mit Giebelhäusern und gothischen Kirchen. Der Charakter der Gegend wie der Bevölkerung hat schon den süddeutschen Zug. Während bei uns in der Mark im Ausgang August's das Laub schon gelb zu werden anfängt, prangen hier die Bäume noch im frischen, saftigen Grün. Die kahlen Felder allein, die ihren Aehrenschmuck verloren, erinnern an den Spätsommer. Da die Bierstudien in jüngster Zeit in Aufnahme gekommen, wird Coburg durch sein „Export-Bier", welches Bayerische Kraft ohne Bayerische Bitterkeit besitzt, auch den Reisenden „in diesem Zweige der Wissenschaft" ein willkommenes Asyl bieten. Schon pflegen sich die Handelsreisenden aus der Umgegend des Sonntags ein Rendezvous in diesem lieblichen Städtchen zu geben. Apollo und Bacchus wissen es, ich liebe die Weinreisenden nicht, aber ihre Neigung für Coburg theile ich. Wie gefällig und anmuthig liegt es zu den Füßen seiner Veste! Es vereinigt prächtige Schlösser und Häuser mit alterthümlichen Ueberresten, Mittelalterliches und Modernes, eingeschlossen von einem Kranz von Höhen und Gärten. Durch die Eisenbahnverbindung mit dem Norden und Süden Deutschlands ist die Stadt aus ihrer früheren Abgeschiedenheit heraus und in die Bewegung des Weltlebens mit fortgerissen worden. Auf der Reise nach München und Tirol lohnt es sich mehr, einen heiteren Tag in Coburg als eine traurige Nacht in Hof zuzubringen. Denn wie die Alten von Syrakus möchte ich auch von Coburg behaupten, daß hier kein Sommertag ohne Sonnenstrahl sein kann.

III.

Von allen Burgen und Ruinen, die Thüringens Höhen krönen, ist die Wartburg die „Deutsche" Burg. Das Mittelalter, die Reformation, die Neuzeit sind in ihren hervorragendsten Erscheinungen auf diesen Boden getreten: der Sängerkrieg und die heilige Elisabeth, Luther und die Bibelübersetzung, die Burschenschafter und die schwarz=roth=goldene Fahne. Hoch über Eisenach, auf waldigem Bergesgipfel erhebt sich die Burg; die Sorge des Großherzogs, die Geschicklichkeit seiner Baumeister hat sie in ihrem früheren Zustand beinahe wieder hergestellt. Dennoch ziehe ich die Einrichtung der Coburger Veste vor. In der Wartburg herrscht ein modernes Element vor, die Wandgemälde Schwind's tragen nur dazu bei, den mittelalterlichen Charakter des Baues zu verwischen, während in Coburg die alten Waffen und Holztäfelungen ihn erhöhen. Eine Burg des dreizehnten Jahrhunderts — aber nicht des wirklichen, sondern wie es in unserer Phantasie, aus den Gedichten Wolfram's von Eschenbach und Gottfried's von Straßburg sich malt, steht die Wartburg vor uns da. Die mittelalterlichen Architecturformen, der symbolische Zug, die Vermischung des Allegorischen mit dem Natürlichen sind gewahrt, doch zugleich ist so viel moderne Pracht und — es giebt nun einmal keinen andern Ausdruck — moderner Comfort in den Sälen, in der Kapelle hinzugethan, daß in dem Ganzen, wie überraschend es auch auf jedes empfängliche Gemüth wirkt, keine mächtige Grundstimmung durchklingt. Die Wartburg besteht nach ihrer Wiederherstellung aus drei Theilen: die alte Vorburg hart am Thor, deren größte Merkwürdigkeit das Lutherzimmer mit dem Tintenfleck an der Wand; ihr gegenüberliegend, ein längliches Viereck, die neue Burg; ein langer, nicht eben breiter Hof trennt beide Gebäude, an dessen Ende, wo der Weg wieder von der Anhöhe in das Waldthal hinuntersteigt, ein Thurm aufragt, der jetzt keinem andern als dem Zweck dient, eine der schönsten Aussichten Thüringens zu gewähren.

Die unteren Räume der Burg sind schmal, eng, kleinfenstrig und dunkel, unwillkürlich fragt man sich, wie fanden die Reckengestalten des Mittelalters in diesen Gemächern Platz? Wohl mag der mächtige Pfeiler Bewunderung erwecken, der die Wölbung trägt, aber das Lichtlose und Freudlose schwindet darum nicht. Den Gang zur Kapelle, die mit verschwenderischer

Pracht ausgestattet, schmücken al fresco von Schwind gemalt die Tugenden und frommen Werke der heiligen Elisabeth. Wunderlich, daß zwei so scharfe Gegensätze wie die Werkthätigkeit der einen und die Ueberzeugung Luther's, daß „nur der Glaube" zur Seligkeit führe, hier auf so engen Raum zusammenfließen! Dieser Gedanke, der den Wanderer nicht verläßt, bringt einen beständigen Zwiespalt in seiner Stimmung hervor: man erkennt so recht, wie das Mittelalter und die Reformation in ihren Anschauungen sich ausschließen. Mit Recht hat die Sorge der Wiederherstellung sich nur auf jene ältere Vergangenheit gerichtet. Elisabeth, Tannhäuser, der Wartburgkrieg, diese Erinnerungen werden mit Vorliebe auf der Burg gepflegt. Zu dieser poetischen Verklärung der Burg hat Richard Wagner's Oper nicht wenig beigetragen. Wer sie jemals in Berlin darstellen sah, hat in dem Empfangssaal des dritten Actes den kostbaren, von feinem vergoldeten Schnitzwerk und zierlichen Tapeten prangenden Saal der Burg gesehen. Durch seine Länge und Stattlichkeit, durch die wunderbar schönen Aussichten, die man von seinen Fenstern und seinem Balkon genießt, prägt er sich gleich unvergeßlich wie durch sein Schmuckwerk der Phantasie ein. Geringer an Umfang ist der Saal, in dem der Sängerkrieg stattgefunden haben soll. Ein Bild Schwind's an der Wand verherrlicht diese Begebenheit: der Maler hat den Augenblick gewählt, wo Klingsor von Ungarnland in die Halle zu den Sängern tritt, die um ihr Leben im Wettgesange streiten. Die Composition ist geschickt, wären nur die Gestalten schöner, freier und bewegter. Eine Estrade, von schlanken Pfeilern getragen, deutet den Raum an, auf dem

vor nun mehr als sechshundert Jahren Walther von
der Vogelweide und Wolfram von Eschenbach gesungen.
Verse aus ihren Liedern schmücken in goldenen Buch=
staben auf rothem Grund die Wand. Daß man in
diesem Raum drei oder vier armselige Blechrüstungen
aufgestellt, ist eine fast unerklärliche Geschmacklosigkeit.

Weiter, freier, mehr aus einem Kern erwachsen, von
dem Hauch eines Geistes durchweht, ist die Coburger
Veste, obwohl ihr die großen und poetischen Erinnerungen
fehlen, die sich an die Wartburg knüpfen und ihr eine
glorreiche und heilige Weihe geben. Die Veste hat in
ihren Jahrbüchern nur eine wahrhaft weltgeschichtliche
That verzeichnet: das Lied der Reformation, ihre Mar=
seillaise: „Ein' feste Burg ist unser Gott" ward hier
gedichtet; in ihren reichen Sammlungen befindet sich
nur ein Stück, das der Betrachter mit Rührung und
Scheu zugleich berührt: das Panzerhemd Thomas
Münzer's. Schon aus der Ferne bemerkt man den
Festungscharakter des Baues: zum Schutz der ganzen
Gegend erhebt sich die Burg mit gewaltigen Ring=
mauern, mit vielen Gebäuden und Thürmen. Das
Innere stammt, mit einigen Erneuerungen, aus dem
Zeitalter der Reformation und reicht bis zum dreißig=
jährigen Krieg, wo Herzog Johann Casimir bis 1633
wiederholt hier oben saß und das Ländchen regierte. Ein
strenger, finsterer Herr; ich weiß nicht mehr, wie vielen
Menschen unter ihm das Haupt abgeschlagen wurde,
aber der Castellan nannte eine schreckenerregende Zahl,
als er uns das Richtschwert zeigte, das damals ge=
wüthet. Wohl erhalten ist das Zimmer des Herrn,
aus Holzmosaik kunstreich zusammengefügt, die an den
Wänden in braunen Rahmen die Bilder mannigfachster

Vorgänge zeigt, von Schlachten, Jagdzügen und ländlichen Tänzen. Auch die beiden Brautwagen werden noch aufbewahrt, in denen er nacheinander mit seinen beiden Gemahlinnen seinen Einzug in Coburg hielt, von bunt mit Wappenschildern bemaltem und vergoldetem Holz, unsern Bauernwagen, die ein Verdeck haben, nicht unähnlich, das Gezäum der Rosse war von Saffianleder. Zwei Worte bezeichnen den Unterschied der Veste von der Wartburg. In der Veste läßt sich wohnen, man kann sich heimisch darin fühlen, selbst in dem etwas dunklen, von bunten Glasfenstern nur mäßig erleuchteten Gemach, wo Luther „Ein' feste Burg" gedichtet; die Wartburg ist nur zum Anschauen, für eine Stunde des Träumens. Was sie uns theuer macht, ist ein Ideales, das über ihr schwebt, in dem Coburger Schloß haben wir eine greifbare Wirklichkeit vor uns: die fürstliche deutsche Wohnung des 16. Jahrhunderts.

Schon der Schloßhof hat etwas Anheimelndes. Still liegt er und traulich. Oben, nach der äußersten Mauer zu, stehen Bäume, prächtige Kastanien und Linden. Ein schwarzes, künstlich geschnitztes Holzgitter schließt den Eingang der Burg. Im Vorübergehen grüßt uns aus einem untern Raume eine Trophäe des Dänischen Kriegs: das mächtige Schiffsbild „Christian VIII."; daneben hängt schwarzumflort eine Schleswig-Holsteinische Fahne. Wenn wir nicht eben auch Deutsche wären, wie könnten wir solchen Anblick ertragen? Eine lange Zimmerflucht öffnet sich uns; in dem großen Saal hängen kostbare Waffen, Panzer, Schwerter, Feuergewehre aller Art. Ein anderer Saal ist mit den Bildern der Haupthelden des dreißigjährigen Krieges geschmückt: Tilly, Gustav Adolph, Wallenstein, der, als er zur Lützener Schlacht zog, einige Tage lang vor der Veste lag, ohne sie einnehmen zu können; sie sind nach alten Kupferstichen 1840 gemalt. In ähnlicher Weise hat man ein Zimmer für die Gestalten der Reformatoren eingerichtet, Luther, seine Gattin, Melanchthon, die andern alle prangen dort auf Goldgrund, ernst und feierlich. Daneben liegt ein echtes Kleinod der alten Zeit und Kunst, das sogenannte Rosettenzimmer. Seine Decke enthält 365 Rosetten, aus Holz geschnitzt, jede in Form und Verzierung von der andern verschieden. Welch ein Gegensatz gegen unsere Maschinenarbeit! Wie wohnlich, wie zum Bleiben einladend schauen all' diese Gemächer mich an! Hohe Lehnstühle in die Tiefe der Fenster gerückt bieten einen behaglichen Sitz, die Schönheit der zu den Füßen der Burg sich ausdehnenden Landschaft still zu genießen. Die Liebhaber der Fernsichten werden sich auf diesem Punkte befriedigt fühlen. In's Bayernland wie in's Thüringische sehen sie hinüber. Anmuthiger als diese verschwimmenden, bläulichen Linien der Berge ist der nächste Blick auf den Schloßpark und die Stadt Coburg. So haben hier Natur und Kunst für jeden Geschmack gesorgt, und man empfindet beim Scheiden nur ein stilles Bedauern, daß alle diese Räume unbewohnt, diese Herrlichkeiten ungenossen und unbenutzt sind, und klagt leise das flüchtige Reiseleben an, das uns verbietet, lange an so traulicher Stätte zu verweilen.

IV.

Es war eine Mondnacht. Durch eine schattige Allee führte unser Weg. Zu unserer linken Hand war die Straße von einer steinernen Brustwehr eingefaßt, wohl an die fünfzig Fuß tief senkte sich der Graben, an seiner anderen Seite ragte die Ringmauer der alten Stadt auf. Viereckige und runde Thürme erhoben sich darauf, Holzbrücken leiteten über den Graben. Zuweilen kamen wir an einem hochgewölbten, von einem Thurm beschützten Thor vorüber. Epheu und wilder Wein schlangen sich an der Mauer empor, unten war der Boden des Grabens mit Gartenpflanzungen bedeckt, ein schmales Gewässer durchrieselte sie. So oft das Mondlicht seitwärts auf einen der Thürme fiel, gewann das Ganze ein eigenes, phantastisches Leben. Wäre die Musik nicht gewesen, die aus einiger Entfernung, Verdi'sche Weisen spielend, herüberklang, hätte der Weg mehr Unebenheiten und nicht so durchaus den Charakter einer modernen Promenade gehabt, wir hätten in diesem Halbdunkel glauben können, im mittelalterlichen Nürnberg zu wandeln.

Wie reich und voll klingt dieser Name Nürnberg! Einst eine der gefeiertsten Städte Deutschlands, umschloß es Kunst und Wissenschaft, Handel und Handwerk in ihrer Blüthe. Die aristokratische Regierung des Nürnberger Rathes ist wohl mit der Venedig's verglichen worden. Noch heute gefällt sich der echte Nürnberger darin, seine Stadt „Klein-Venedig" zu nennen. Er hat seine Rialtobrücke, die in Stein gehauen das Bild eines Ochsen schmückt, seine Seufzerbrücke, die freilich weniger poetisch der "Henkersteg" heißt. Auf einem seiner Plätze im oberen Theile der Stadt steht ein Venetianisches Haus, mit einem jener Höfe, die den Häusern Venedig's den Reiz des Heimlichen und Melancholischen verleihen. Aber es ist ein Glück, daß die Pegnitz nicht der Canale grande ist. Nürnberg hat nichts von einer Italienischen Stadt. Das Schiefe, Spitzgiebelige, die gothische Unregelmäßigkeit beherrscht dies Häusergewirr. Oben auf der Burg, wenn man auf die Stadt hinabsieht, die so nahe an die Höhe hinaufgerückt ist, daß man die einzelnen Häuser, Dürer's Haus etwa, deutlich erkennt, und die Inschriften der Schilder lesen kann, tritt dies Spitze, Winklige, Aufstrebende am Schärfsten hervor. Ueber alle Dächer hinweg aber ragen die beiden Thürme der Lorenz=Kirche. Und das Auge ermüdet nicht sie anzuschauen. Das deutsche Mittelalter hat sein Höchstes in der gothischen Architectur gegeben und darin die Kraft seiner Phantasie und die Fülle seiner Gedanken erschöpft. Diese Spitzbogen, diese Rosetten, diese Pfeiler und Säulen, all' diese Feinheit und Zierlichkeit in den Einzelformen, verbunden mit der Großheit und Erhabenheit des Ganzen: wir werden sie nicht wieder erschaffen. Der Geist, der diese Massen künstlerisch schön zusammenfügte, die Heiligung, die von diesen Wölbungen hernieder uns anweht, sind für immer entschwunden. Die Menschheit kann ebenso wenig in die griechischen Säulenhallen, als in die gothischen Kirchen zurück. Aber wenn uns diese Architectur hier als eine Vergangenheit, die doch auch ihr Herrliches und Großes und, im Entwickelungsgang des deutschen Volkes, ihre Berechtigung hatte, in Kirchen, Bürgerhäusern, Brunnen und Thoren entgegentritt, ergreift sie uns mit mächtiger und zugleich rührender Gewalt. Kein Fürst, kein Edelmann, eine Stadt hat aus den Mitteln der Gemeinde dies Alles geschaffen. Dies Gewerk hat das eine, jenes ein zweites Fenster in der Aegidien-Kirche gestiftet, die Patrizierfamilien wetteiferten in reichen Geschenken mit einander, Hoch und Niedrig thaten nach Kräften zum Schmuck des Ganzen.

Dies Leben ist nun vorüber, nur die Phantasie beschwört es in einer Mondnacht noch herauf. Im Tageslicht wandere ich wie im Traum durch diese bald steigenden, bald wieder sich senkenden Gassen. Anders reden die Steine, als die Menschen umher. Was Goethe von Rom gesagt, nur in der Nacht offenbare es seinen ganzen Zauber, gilt auch von Nürnberg. Statt der modernen Trachten wünschte man die mittelalterliche, bunte, malerische Kleidung zu sehen, Vischer und Krafft, Stoß und Hans Sachs müßten uns in den Gassen begegnen, an uns vorüber die ehrwürdige Gestalt Pirkheimer's in den Rathhaussaal schreiten. So aber ist ein Bruch da, der sich nicht heilen läßt. Unser Auge, welches an die grade Linie sich gewöhnt hat, fühlt sich zu oft von dem Eckigen und Scharfkantigen verletzt, es sucht Symmetrie, harmonische Schönheit und findet nur Laune und Willkür. Kein Haus in Nürnberg steht mit dem anderen in gleicher Linie, trefflich für die Handelsleute und Patrizier der Vergangenheit, denen ihr Haus auch eine Burg war, aber wunderlich, wenn im Erdgeschoß mit prächtigen Schaufenstern sich ein Laden im französischen Geschmack aufthut. Wie reizend sind die blumengeschmückten Erker, nur vermisse ich die Mädchengestalten, welche die jungen Handwerksgesellen und die Meistersänger dahinter erblickten. Den Eindruck, den Nürnberg auf ein unbefangenes, nicht vorher eingenommenes Gemüth macht, ist der des Seltsamen; seine Kirchenbauten, deren Majestät auch den Kältesten bezwingt, ausgenommen, erscheint das Andere wie eine Curiosität. Den Skulpturen und Malereien fehlt nur zu oft der Hauch der Schönheit, nicht der idealischen allein, auch der naiven. Die Kunstgelehrten erheben in blinder Vergötterung diese Werke: für den ruhigen Beobachter spricht sich nur eine gewisse Barbarei der Empfindung und das Nichtkönnen der Künstler in ihnen aus. Einige Mal ist ihnen freilich das Höchste gelungen, was ich zwar nicht entfernt mit griechischer und italienischer Kunst vergleichen möchte, was aber doch von Kraft, Sinn und Phantasie zeugt: das Grabmal des heiligen Sebaldus, das Erzwerk Vischer's in der Sebalduskirche, und das Sacramentshäuschen von Krafft in St. Lorenz. Das eine wuchtig, schwer, charakteristisch in seinen Apostel- und Kirchenvätergestalten, zierlich und zart in seinen Arabesken; das andere leicht, gleichsam schwebend, als wäre es statt aus Stein, aus den feinsten Fäden und Silberdrähten gewoben; das Sacramentshäuschen eine ideale Schöpfung, die immer höher sich gipfelt, immer weiter von dem Erdboden emporstrebt, das Sebaldusgrab realistischer, ruhend, sinnig und kraftvoll zugleich. Diesen beiden Schöpfungen der altdeutschen Kunst läßt sich in Nürnberg nichts an die Seite stellen. Bei allen andern Skulpturen überwiegt das Schmuckwerk und die Arabeske an Schönheit die Gestalten. Am wenigsten wollen diesen Künstlern die Frauen gelingen. Es ist eine Qual, diese steinernen und gemalten Eva's und Mabonnen zu betrachten. Wählten Dürer, Kranach, Krafft absichtlich die häßlichsten Modelle?

Geht es uns mit unserer mittelalterlichen Geschichte nicht ähnlich, wie mit dieser Stadt? Hoheitsvoll, wie die Thürme von St. Lorenz, ragen die Kaiser auf, aus dem Gewirr der Welt. Ihre Kämpfe haben ein großes, ideales Ziel; auch wir werden von dem Gedanken, der sie bewegte, ergriffen. Aber indem wir näher treten, ändert sich das Bild. Das Kleinliche, Häßliche hier, das Seltsame und Wunderliche dort gewinnt die Oberhand. Zuletzt, im Vergleich mit dem streng logischen Verlauf der französischen und englischen Geschichte, im Hinblick auf die Erfolge, die dort errungen wurden, erscheint uns dann unsere Geschichte, so voll von Ruhmesthaten, Lorbeerkränzen, von Romantik und tragischen Begebenheiten, wie ein Mährchen, eine Curiosität. Inmitten der griechischen und italienischen Kunst, vor der Verschmelzung der Schönheitsformen, die wir jetzt versuchen, zwischen Athen und dem Florenz der Renaissance steht Nürnberg. An keinem bessern Ort konnte darum das „germanische Museum" errichtet werden, das sich die Aufgabe gestellt, alle Denkmale der deutschen Vorzeit zu sammeln. Wieder ist es auch hier die Architectur, welche die tiefste Wirkung hervorbringt. Die alte Karthause, deren Räume man zu Sälen für die Sammlungen von Münzen, Büchern, Siegeln, Kupferstichen eingerichtet, enthält daneben eine herrliche Kapelle und einen weiten Kreuzgang. Beide sind in ihrem alten Schmuck wiederhergestellt worden. Mit eigenen Gefühlen wandelt man im Gange auf und nieder, wenn durch die vergitterten Spitzbogenfenster der Schein der Morgensonne über die Wände und den

Boden hingleitet und, während wir selbst noch im Halbdunkel gehen, hellleuchtend die Wölbung vor uns niederstrahlt. Grabdenkmale, theils echte, theils Gypsabgüsse, stehen an der Wand: so das Denkmal Kaiser Ludwig's des Bayern. Die Kapelle schmückt Kaulbach's Frescobild: Kaiser Otto III. in der Gruft zu Aachen vor der Leiche Karls des Großen: eine der herrlichsten Schöpfungen des Meisters, die aufs Glücklichste der Umgebung angepaßt ist. Der junge Kaiser steht auf einer der Stufen, die hinabführen; Bischöfe suchen ihn von dem weiteren Eindringen zurückzuhalten; keck ist der Sänger Otto's vorgedrungen, da ergreift auch ihn, wie den Krieger, der auf der untersten Stufe, in die Knie gesunken, die Fackel emporhält, ein Schauer vor der aufrecht dasitzenden, im Kaiserornat prangenden Leiche Karl's. Kann man ein erhabeneres Symbol des deutschen Mittelalters finden, als diese Leiche in ihrer Majestät und ihrem Schrecken?

In der Stadt Jean Paul's.
1863.

Die Literarhistoriker wollen es zwar nicht leiden, aber fast unwillkürlich gesellt sich, wenn wir die Namen Schiller und Göthe aussprechen, der Jean Paul's als dritter zu ihnen. Noch so sehr mag uns die Wunderlichkeit und Schnörkelei seiner Darstellung, das Unkünstlerische und Unharmonische in seinen Erfindungen abgestoßen haben, es giebt ein magisches unlösliches Band zwischen ihm und jedem deutschen Gemüth. Und wäre es nur das „Immergrün unserer Gefühle," das wir ihm verdanken, wir müßten uns zu seinem Genius hingezogen fühlen; die Sprache, die er redet, ist unwiderstehlich. Seine Gedanken und Worte lächeln Frieden in das Herz, sie gehen und leuchten über dem Leben auf, wie Sonnenaufgang über ein dunkles Waldthal.

So wird nicht nur mir allein, sondern manch' Anderm vorher und nachher, wenn er im Park von Weimar an Göthe's Gartenhaus vorüber gegangen, eine Stimme: Jean Paul und Bayreuth! zugeflüstert haben. Die meisten dieser kleinen thüringischen und fränkischen Residenzen bewahren die Spuren unserer Dichter. Uns, die wir Alle mehr oder weniger an ein rauschendes, vielbewegtes Leben gewöhnt sind, an Eisenbahnfahrten und telegraphische Depeschen, an jene elektrischen Schläge, die von den Enden der Welt, von Amerika oder Japan ausgehend, sich bis in die entlegenste Einsamkeit geltend und fühlbar machen, uns, denen der Sinn für das Großstädtische und die Weite gleichsam angeboren ist, beschleicht eine Empfindung der Angst und der Trauer, wenn wir uns die Stille, die Abgeschlossenheit und damit verbunden das kleinliche Treiben vorstellen, das vor fünfzig, vor sechszig Jahren in diesen Orten herrschte. Wie anders sind diese Städte selbst geworden! Das Coburg, das man früher, mühsam genug, nur mit der Post erreichen konnte, ist mit dem jetzigen nicht zu vergleichen. Zu einem glücklichen Mittelpunkt zwischen Nord- und Süddeutschland hat es die Eisenbahn geschaffen. Die Behaglichkeit und gemüthliche Ruhe, welche das Kleinleben vielleicht als einzig schöne Blüthe zeitigt, ist nicht geschwunden, aber es gesellt sich die Gewißheit zu ihr, daß man im Zusammenhang mit dem Allgemeinen steht, daß der Strom der Welt nicht unerreichbar an uns vorüberrauscht, sondern daß wir jeden Augenblick in ihn hinuntertauchen können. Früher indessen lebte es sich in diesen Städten — die im Grunde doch nicht „Städte", sondern „Schlösser" mit einigen Häusern darum waren — wie auf einer Insel; fern vorbei segelten die Schiffe, ihre Mastspitzen, ihre weißen Segel und bunten Flaggen gewahrte wohl das Auge, aber nur in den seltensten Fällen kam eins an die Küste gefahren oder gelangte ein leichter Nachen von der Insel an das Schiff.

Außer seinen Studienjahren in Leipzig, gelegentlichen Reisen nach Berlin, Stuttgart, München hat

Jean Paul sein Leben in diesen Gegenden verträumt und verschrieben. Meiningen und Coburg haben ihn wiederholt gesehen, seit 1804 bis zu seinem Tode ist dann Bayreuth seine Stadt geworden. Für mich umschließt es noch einen andern geliebten Schatten — den Wilhelminen's, der Lieblingsschwester Friedrich's des Großen. Sicherlich war sie weder die lieblichste noch die anmuthigste ihres Geschlechts — ihre Bildsäule im Freundschaftstempel zu Sanssouci ist idealisirt — aber sie war eine geistvolle und tief unglückliche Frau. Ehrgeizig wie Friedrich, den Kopf voll hochfliegender Pläne, ward sie wider ihren Willen zur Heirath mit dem Erbprinzen Friedrich von Bayreuth von ihrem despotischen Vater gezwungen, aus dem Carlyle ein Heldenbild zu schnitzen versucht hat. „Ihre Vermählung," erzählt Preuß, „am 20. November 1731 war kein ganz frohes Fest; aber sie brachte die Erlösung ihres Bruders aus dem Gefängniß zu Küstrin, gleichsam als Gegengeschenk für die willige Ergebung." Nur konnte die Freude darüber nicht den Verlust eines ganzen Lebens aufwiegen. Wilhelmine fühlte sich in Bayreuth gedrückt und in all' ihren Hoffnungen betrogen, ihr Gemahl war ihr nicht treu und sie wiederum nicht die Frau, in der Liebe Ersatz für ihr Unglück zu suchen und zu finden. Sie hat ein herbes, kaltes, boshaftes Gesicht, das nicht zum Herzen spricht, aber vortrefflich zu dem Bilde paßt, das man sich von der Verfasserin der berühmten Memoiren über den Hof Friedrich Wilhelm's I. in Gedanken malt. Noch sind die steinernen Spuren, die sie in Bayreuth von sich hinterlassen, nicht verlöscht. Ueberall empfindet man in seinen Gassen den Hauch der Friedericianischen Zeit.

Ich kam von Nürnberg her in die Stadt. Ein eigener Gegensatz empfängt den Wanderer da. Zwar tragen noch manche Häuser Giebel, hier und dort ragen Erker vor; die Dächer haben noch das Spitze, Verschobene, erheben sich noch grad' so unregelmäßig wie in Nürnberg, aber das Ganze ist eine andere Welt. Breite, schnurgrade Straßen, schwärzlich graue, stattliche Häuser mit den Rococofaçaden aus Potsdam, keins auch nur um wenige Fuße dem andern vorgerückt, die Steinbrunnen mit Engeln, Tritonen oder einem mißvergnügten Neptun geziert, der seinen vergoldeten Dreizack mühselig emporhält. Gras überwuchert den Schloßhof; in dem großen Raum verliert sich die kleine bayerische Wache, die dort ihr Quartier hat. Daß alte Frauen statt junger Mädchen aus dem Brunnen Wasser schöpften, schwere Regenwolken an dem Abendhimmel aufzogen, erhöhte die Melancholie. In solcher Stimmung betrat ich den Garten: wie oft mag ihn Jean Paul an solchem Abend durchwandert sein! Den einen Theil hat man zu einem Exerzierplatz umgeschaffen, der andere verwildert in sich und, wenn wir wie Spinoza denken, in Gott. Eine lange Allee hochstämmiger Bäume, die sich oben zusammenwölben, führt durch ihn hin, im verjüngten Maßstab der nicht unähnlich, die im Garten von Sanssouci von der großen Fontaine zum Neuen Palais geht. Schweigen umher, tiefste und stillste Verschollenheit; nirgends Blumenbeete, nur Rasenplätze, Gebüsche und Bäume. Die Teiche ganz von jenem häßlichen Grün überspannen, das den noch häßlicheren Namen „Entengrütze" im Volksmund führt. Dem Schlosse gegenüber befand sich einst ein Springbrunnen: er rieselt noch in einzelnen wehmüthigen

Tropfen. Es ist eine steinerne, schwarz gewordene Najade — vielleicht auch eine Venus, denn ein Amor steht hinter ihr. Aber wie der Venus von Milo die Arme, so fehlt der von Bayreuth die Hand. Verwittert, verschollen, vergessen! Ueber die Teiche, die Fontaine, die Rasenplätze irrt der Blick weithin, bei klarem Wetter mag er die dunkelblaue Linie gewahren, die das Fichtelgebirge am Horizont zeichnet. Diesmal hingen die Wolken zu trüb und schwer. Mit dem Hinabrollen der Tropfen, die in das Becken des Brunnens fielen, mischte sich das leise Rieseln des Regens. Die wenigen Spaziergänger flüchteten aus dem Garten.

Nicht allzuweit entfernt steht auf dem Platz vor dem Gymnasium auf einfachem Sockel die Bildsäule Jean Paul's; König Ludwig von Bayern hat sie ihm 1841 errichtet. Blumen, Malven, Reseda und wilde Rosen blühten darum. Ein breites, starkknochiges, gutmüthiges Gesicht blickt uns an, ein Gesicht, das nicht die Schönheit und den apollinischen Ausdruck Göthe's, nicht die eigene Verklärung, das Krankhafte und zugleich Idealische Schiller's hat, eher den hausväterlichen Charakter, das Idyllische und — wag' ich das Wort? — das Philisterhafte ausprägt, aber durch den schalkhaften und doch auch träumerischen Zug um den feingeschnittenen Mund anzieht. Wahrlich, nicht von durchwachten Nächten und von Champagnerrausch erhält man ein solch' Gesicht; wenn wir es nicht aus seinen Briefen wüßten, dies Standbild würde es uns sagen: er hat das Bier mehr als den Wein geliebt.

Zwiespältig ist das Wesen Bayreuth's. Diese versteinte, verwilderte Rococowelt, das kostbare geräumige Opernhaus, das in eine Stadt von hundert-

tausend Einwohnern gehört, der prächtige Saal in der
„Eremitage", den Wilhelmine ausbaute, jede seiner
acht Säulen soll 7000 Thaler gekostet haben, stimmt
weder zu der landschaftlichen Umgebung noch zu dem
Verkehr der Stadt. So lange die Markgrafen hier noch
ihre Residenz und ihren Hofstaat hatten, war Bayreuth
eben auch nur ein Schloß. Stadt wurde es erst, als
es nach dem Aussterben der Markgrafen zunächst an
Preußen und dann an Bayern kam. Seine Schlösser
standen leer, man schuf sie zu Regierungsgebäuden,
Gemäldegalerien um, die meisten Gemächer verschloß
man für immer. Statt des höfischen Treibens, der
großen Feste und Maskeraden, der italienischen Opern
und französischen Ballette trat das bürgerliche Leben
in den Vordergrund. Aus den Straßen verschwanden die
Pferde, die sechsspännigen Karossen, die Ochsen und
die Bauernwagen durchfahren sie jetzt. Es giebt keine
Kammerherren und keine Hofdamen mehr in Bayreuth,
keine Albano's und keine Linda's. Sich selbst ver=
spottend, schließt Jean Paul den „Titan" mit der Be=
hauptung, in Wirklichkeit sei Albano nur ein Kürassier=
offizier. Ach, grausam hat die Zeit den Scherz wahr
gemacht! Die Albano's von Bayreuth sind die Lieute=
nants eines bayerischen Infanterieregiments, das eben
mit klingendem Spiel an meinem Fenster vorüberzieht.

Um aber den Widerspruch der Gegenwart, in der
Jean Paul lebte, und der Vergangenheit, der Wirklich=
keit und der Romantik, in seiner ganzen Schärfe zu
erkennen, lohnt sich ein Besuch in den Schlössern um
Bayreuth, eine Fahrt nach Fantasie oder Eremitage.
Fantasie ist in die Hände eines Würtembergischen Prin=
zen, wie Jean Paul's Haus in die eines Banquiers

übergegangen. Beide haben den modernen Anstrich erhalten, nur die Eremitage ist geblieben, wie sie zu Wilhelminen's Zeiten war. Wie mancher Brief ist von hier von dem rothen chinesischen Zimmer aus — Holztapeten und Einrichtung im chinesischen Geschmack, wie man sich um 1740 das Reich der Mitte dachte — das ihr Friedrich schenkte, nach Sanssouci zu ihm und nach Ferney zu Voltaire gegangen. Vielleicht auch jener schmerzliche, den sie nach der Schlacht von Kollin dem Dichter schrieb: „Ich bin in einem entsetzlichen Zustande und werde das Verderben meines Hauses und meiner Familie nicht überleben. Das ist der einzige Trost, der mir bleibt. Sie werden schöne Stoffe zu Tragödien bekommen!"

Eine Allee von Linden und Kastanien führt sanft aufsteigend nach der Eremitage. Rechts hin dehnt sich ein reiches, fruchtbares Thal, von dem Fichtelgebirge umschlossen, wie von dem Arm eines lieben Freundes. Die Höhen sind bewaldet, blauschwarze Schatten steigen von ihnen nieder. Das sind Jean Paul's Berge, „hinter die seine Phantasie so gern zog und in deren Nebelwelt, auf deren Nebelrücken er sich eine neue Morgenwelt erbaute." An der Biegung der Straße liegt das Rollwenzel=Haus, bräunlich und grau vor Alter, zwei Steinstufen davor, daneben ein kleiner schattiger Garten, von der Straße durch ein Holzgitter getrennt — nicht sehr einladend, ohne die Tafel an der Wand: „Hier dichtete Jean Paul." Bei dem Aufsuchen solcher Stätten faßt uns doch auch „des Lebens ganzer Jammer" an. Eine schmale Stiege geht man hinauf, einen Gang entlang, die letzte Thür rechter Hand öffnet sich: das ist Jean Paul's Gemach. Blau gestrichen ist die

Wand, schmucklos, ein paar Ansichten aus dem „Album von Bayreuth", ein Medaillonbild des Dichters und der Rollwenzel hängen daran, seine Familie hat seine Büste und ein Studienheft — in buntem Wirrwarr allerlei Gedanken, Aehren und Spreu durcheinander — dahin geschenkt. Der Schreibtisch soll noch der „echte" sein: ein langer Tisch, ohne Decke, von Kienholz. Durch das Fenster, über den Garten und das Thal hin irrend ruht der Blick auf den Kuppen der Berge aus. Grade unter ihm blüht jetzt ein Apfelbaum; meine Hand konnte seine reifenden Früchte erreichen. Dieser Umgebung entsprechen in Jean Paul's Dichtungen die Schilderungen von dem Leben und Treiben der Dorfschulmeister, der armen Pfarrer, die idyllischen Seiten im „Siebenkäs" und in „Hesperus". Sie alle haben eine große Sehnsucht nach der Ferne im Herzen: so locken die Berge Jeden, der an diesem Fenster steht, zu sich. Und wie der Dichter selbst sind seine Figuren durch die Gewohnheit, durch ihr Gärtchen und die Traulichkeit ihres Stübchens an die Scholle gebunden. Sie sehen die Welt jenseits der Berge nicht mit ihrem leiblichen Auge, nur das Auge ihres Geistes schaut hinüber, aber es erblickt keine wirkliche, sondern eine verzauberte Welt.

Das ist die Eremitage, das Wunderreich der Titanen und Titaniden mit gepuderten Häuptern und Reifröcken. Jean Paul liebte das Schloß, wiederholt wurde er in späteren Jahren von dem Herzog Pius, der es bewohnte, zur Tafel gezogen. Noch erhält sich die Anekdote in der Gegend: der Dichter wäre nur unter der Bedingung gekommen, daß sein Pudel mit ihm eingeladen sei. Die Eremitage besteht aus einem alten und einem neuen Schloß. An dem letzteren hat Wilhelmine gebaut. In einem Halbrund, zu dem man auf mehreren Stufen hinaufsteigt, liegen hinter einer Säulenhalle je zwölf kleine Gemächer, in der Mitte zwischen ihnen, abgeschlossen, achtfenstrig, der Prunksaal in Form einer Kuppelkirche. Hier erheben sich jene kostbaren, von dem feinsten und farbigsten Stuck überdachten acht Säulen von grün schimmerndem Marmor, oben an ihrem Kapitäl wie unten am Sockel sind sie vergoldet, über ihnen Engel und Amoretten in Rococoformen von weißem, leuchtendem Marmor. Die Pfeiler der Arkaden bestehen aus grauen, schwarzen, braunen, blauen Steinen: das Einsiedlerische und Wilde soll dadurch angedeutet werden. Die Brustbilder der römisch=deutschen Kaiser sind darüber angebracht. Der Eindruck des Verschnörkelten, Wunderlichen und Seltsamen, den man von dem Ganzen empfängt, kann nicht eigen genug gedacht werden. Nichts ist hier natürlich, und doch fehlen dem Ganzen weder Anmuth noch Reiz. In ein weites Becken läßt ein Springbrunnen vor dem Schloß aus den drolligsten Gestalten, Tritonen und Nymphen, Meerpferden und Centauren, aus einer kleinen, schwarz gewordenen Götterwelt, seine Wasser sprudeln. Weiterhin Rasenplätze, dichte Baumgänge, zierliche Boskets; überall aus den Fenstern des neuen Schlosses schaut man in das liebliche Grün des Gartens. Die Ausstattung der Gemächer vereint Pracht und Behaglichkeit; das Zimmer, in dem Wilhelmine Audienzen gab, ist mit seidenen Tapeten bedeckt, mit dunkelrothen schweren Vorhängen geschlossen. Als wären sie eben vom Zweig gebrochen, so frisch und glänzend blühen die Blumen auf einer Seidentapete uns ent=

gegen. Mit Kupferstichen von der Decke bis zum Getäfel sind die Wände eines andern Gemaches geziert, kein Rahmen faßt sie ein, sie sind aneinder geklebt: viel allegorische Darstellungen zu Friedrich's Ruhm, das Denkmal des großen Kurfürsten auf der Langen Brücke, Sanssouci, dann wieder italienische Landschaften, antike Bildwerke und Porträtstatuen: Alles treffliche Stiche aus dem vorigen Jahrhundert. Manches mag freilich erst nach Wilhelminens Tode hier angesammelt worden sein. In der Reihe der markgräflichen Gemächer treibt eins die Geschmacklosigkeit auf die Spitze. Es soll ein Badezimmer in Form einer Muschelgrotte darstellen. Der eine Kamin ist zu einem Wasserfall, der andere zu einer Volière umgeschaffen. Muscheln, welke Orangenzweige, Aloen bilden die Bekleidung der Wände. In der Mitte steht ein Springbrunnen. Einst rauschte da das Wasser und sangen die Vögel. Dabei ist der Raum weder weit noch hoch. Besser sagt dem modernen Sinne das chinesische Zimmer in braungelbem Ton zu, es ist feiner und in weniger grellen Farbentönen, als das von Gold und Roth starrende Gemach im alten Schlosse gehalten. Die wandernde Chronik der Eremitage, ein alter Diener, zieht indeß das rothe Gemach dem gelben vor, denn nach ihm ist es in der Türkei gefertigt worden und das Hochzeitsgeschenk Friedrich's an Wilhelmine.

Friedrich — da ist er als Knabe, da als Kronprinz, als König dort. Die Familienporträts sind der Schmuck des alten Schlosses. Die großen allegorischen Deckengemälde erheben sich hier so wenig über die Mittelmäßigkeit, wie die Luna mit ihrem Endymion im Schlafgemach des Markgrafen. Leicht erkennt man

unter den Portraits die Kaiserin Maria Theresia,
Joseph II., seltsamer schaut uns Marie Antoinette aus
ihrer Schönbrunner Jugendzeit her, als sie noch nicht
„mit thurmhohem Toupet so stolz sich konnte gebahren",
aus dem schwarzen Rahmen an. Eine Gräfin von der
Marwitz, ein schönes, bacchantisches Gesicht, kehrt öfters
wieder, noch einige Hofdamen, zwei Mal hat sich Wilhelmine hier malen lassen. Und in Wahrheit, sie hat
ein doppeltes Gesicht. Es ist auf einem Maskenball,
sie trägt ein hochrothes Gewand, phantastisch mit Blumen und Schleifen aufgesteckt, ein schwarzer Schleier,
dessen einer Zipfel ihre Stirn beschattet, ist in ihren
Haaren befestigt, sie hat die Maske abgenommen, in
diesem Augenblick glaubt man den Versen Voltaire's,
daß sie Augen gehabt

„qui dans les âmes
Lançaient les plus douces flammes —"
so mochte sie Friedrich ansehen. Aber die Welt sah
sie anders. Ein zusammengekniffenes, spöttisches Gesicht blickt aus dem andern Rahmen. Sie trägt einen
schwarzen Pelz, ihr Haar ist grau gepudert. Hier erscheint Alles starr, steif, herzlos. Das ist die Wilhelmine der Memoiren. Dichte ich zuviel hinein oder
ist es ein bezeichnender Characterzug dieser Frau, daß
sie ihr Schlafgemach mit gelber Seide ausschlagen
ließ? Gelb ist die Farbe des Neides. Das einzig
wahre und uns rührende Gefühl in Wilhelmine ist die
Freundschaft, ihre Bewunderung für den Bruder.
Sonst wurde es sogar Voltaire, dem Meister der
Schmeichelei, schwer, Lobwürdiges von ihr zu sagen, in
jener Ode, die der König ihm auf ihren Tod zu dichten
auftrug. Wilhelmine ist am Tage von Hochkirch, am

14. October 1758, gestorben, sie hatte das fünfzigste Jahr noch nicht erreicht. „Ich gehe oft nach dem Tempel, den ich ihr gewidmet," schreibt Friedrich, „um an so manchen Verlust und an das Glück zu denken, das ich ehemals genoß."

Der Garten gleicht eher einem Park, dem Schlosse gegenüber tritt das Gekünstelte weniger in ihm hervor. Schöne, dunkle Gänge, hier und da eine freiere und weitere Aussicht. Dagegen ist das Theater wieder eine echte Schöpfung des Rococo. Auf einem schattigen geräumigen Platz erhebt sich eine Bühne, Steinwände und Pfeiler bilden die Coulissen und das Proscenium. Zwischen zwei Säulen bewegte sich der Vorhang, nach rechts und links gingen die Schauspieler in die Steincoulissen, vorn auf dem Rasen saßen und standen die Zuschauer. Aber die Natur ist mächtiger, als der Schnörkel: sie hat, indem Alles umher verwilderte, diesem Theater eine gewisse Weihe gegeben, es ist so still und so ernst umher, daß hier wohl eine Goethe'sche Iphigenie aus dem Schatten der Bäume hervorschreiten könnte, und es dünkt uns wie Entweihung, daß in diesem Raume einst leichtfertige, französische Komödien gespielt wurden.

Das Rollwenzel-Haus und dieses Schloß: darin ist Jean Paul's Dichtung beschlossen. Die wirklichen lebensfähigen Gestalten wohnen dort, bei der guten alten Frau, deren Nase im Bilde mir denselben Respect einflößt, wie ihre Kochkunst dem Dichter, sie schauen in das Thal von Aichach, sie träumen sich in die Wälder der Berge. Die heroischen Schatten aber wandeln in dem Ballsaal, durch die Gänge der Eremitage auf und ab. Man vergleiche das Bild Wilhelminens mit der Fürstin, die im „Titan" eine nicht allzuschöne Rolle spielt: die eine ist nach der andern geschnitten. Aus der Wirklichkeit, die für ihn doch nicht im Sinne wie für uns vergangen war, eben so wohl wie aus seiner Phantasie nahm Jean Paul die Urbilder seiner Gärten, Paläste, den Plan seiner Welt. Das steinerne Bayreuth sprach zu ihm, ihm rauschten diese Brunnen, diese chinesischen, verstaubten Herrlichkeiten, das Spiegelzimmer, das einer der Markgrafen aus den Glasscherben zusammengesetzt, die von einem Brande des Stadtschlosses übrig blieben, waren für den Dichter solch' phantastische Fabeldinge. Arm geboren, mit dem Elend sein halbes Leben hindurch ringend, flüchtete er im Geist in die Prunkgemächer der Großen, um sich daraus gleichsam den Lichtschein zu holen, der seine kleine Kammer erleuchten sollte. Die Romantik, die ihn umgab, die er täglich berührte, mußte seiner Einbildungskraft allmälig eine Richtung zum Uebertriebenen und Schwärmerischen geben. Keine reine Form, wie sie das Mittelalter in seinem Baustyl, wie sie die Kunst der Griechen und der Renaissance hat, ihm fiel nur der Schnörkel, die gekrümmte Linie auf, statt des Großen und einfach Schönen begegnete ihm an diesen kleinen Höfen überall das Verschrobene, Zierliche, Groteske; es ergötzte ihn, er gefiel sich darin. Ein anderer Genius als der seine hätte sich aus diesen Banden befreit, aber in ihm war selbst der Zug nach dem Wunderbaren und dem Marionettenspiel stärker als das Gefühl harmonischer Schönheit. Er und Bayreuth, sie decken einander. Unter einem Granitblock schläft er dort auf dem Friedhof, Blumen blühen auf seinem Grabe, doch auch sie verwildern. Ist das nicht ein Bild seiner Dichtung? Eine süß-duftige Wildniß sind beide: der Garten der Eremitage wie seine Werke, aber jedes empfindsame Herz — scheltet und spottet so viel ihr wollt! — wird von beiden in eine unbeschreiblich wohlthuende, schmerzlösende Stimmung eingewiegt werden und etwas Unvergeßliches aus dem Anblick des einen wie aus dem Durchblättern der andern heimbringen.

Das Schloß zu Heidelberg.
1864.

Unter allen Völkern des modernen Europa's haben die Deutschen die ruhm- und gedankenreichste Geschichte durchlebt, erkämpft und erlitten, eine Geschichte, in der die welthistorischen Gegensätze am schärfsten hervorgetreten, die mehr als jede andere „der Idee wegen" gemacht wurde und die dennoch im Gedächtniß des Volks kaum eine dürftige Spur zurückgelassen hat, ja sogar dem Philosophen und dem Dichter, die sie in ihrer Gesammtheit überschauen, trotz aller Großartigkeit des Strebens verworren, formlos und unpoetisch erscheint. Die deutsche Geschichte gleicht jenen gothischen Kirchen, die nicht fertig geworden sind, an denen die Renaissance und der Zopfstil in willkürlicher Laune weiter gebaut haben. Früh ist aus dem deutschen Volke das Gefühl der Zusammengehörigkeit, der Einheit der Stämme entschwunden; Jahrhunderte lang haben die Sachsen, Brandenburger und Bayern nicht gewußt oder nicht wissen wollen, daß sie Deutsche seien. In Spanien, England und Frankreich herrschte bei aller Eigenwilligkeit der einzelnen Glieder die Richtung nach einem Mittelpunkt, zu dem absoluten Königthum, dem Parlament, der Hauptstadt vor, in Deutschland machte sich die politische Thätigkeit in umgekehrter Weise geltend. Wer vom Mittelpunkt, von der kaiserlichen Reichsgewalt am entferntesten war, hielt sich für den Glücklichsten. Dasselbe Bestreben beseelte die Fürsten wie die Ritter, die Geistlichen wie die Bürger. Im Beginn der Reformation lebt nur noch in den aufständischen Bauern das Gefühl der Reichseinheit, die Sehnsucht nach einem starken, mächtigen Kaiser, der sie vor der Tyrannei der dreihundert kleinen Tyrannen sichern könnte. Seit jener Epoche giebt es kein Deutschland als eine politische Einheit mehr. Was von geschichtlichen Erinnerungen im Volke haften geblieben, sind Lokalsagen, Lokalgeschichten, Lokalheroen. Je nach der Größe und dem Einfluß des Staates sind diese Erinnerungen bedeutsam oder dürftig. Gegen die Geschichte von Preußen und Oesterreich gehalten, verschwindet weitaus das Größte, was in Sachsen, Bayern oder Hannover geschehen ist. Ein Friedrich der Große, ein Joseph II. greifen noch einmal über das ganze Land hin, das Deutschland heißt: was inzwischen ein Herzog in Würtemberg oder Hessen thut, reicht nicht über die Grenzpfähle seiner Macht hinaus; es ist ein Zufall, daß auf der Karlsschule in Stuttgart ein Schiller erzogen wird.

So geht eine Gesammtwirkung der deutschen Geschichte, selbst der deutschen Kunst verloren, wir suchen den deutschen Geist und finden fast überall, in Bildern, Sprachdenkmalen, Bauwerken, nur den Geist einer Provinz, eines Stammes. Aus jedem französischen Schloß und Garten, wie sie Leon Gozlan so anmuthig und geistreich beschrieben hat, giebt es eine Aussicht auf die Geschichte, die Entwickelung des ganzen Frankreichs;

fast jedes Herrenhaus in England hat einen Todten in Westminster; in welch' wilder Trennung und Feindschaft auch die Clans der schottischen Hochlande lebten, auf der Haide von Culloden, für ihren Prinzen Karl Eduard Stuart kämpfend, fanden sie in gemeinsamer Niederlage ein gleiches Schicksal. Wie wenige deutsche Schlösser und Burgen, Städte und Kirchen sind so auf das Innigste mit der Entwickelung der Nation verbunden, daß jeder Stein in ihnen lebendig zu uns spricht! Betreten wir einmal aber solch' einen geweihten Raum, so geht uns das Herz auf, eine Fernsicht in die Geschichte eröffnet sich uns, in langen Zügen wallen Männer und Frauen auf den Wolken des Abends an uns vorüber, dann fühlen wir das „einige Deutschland" in unserer Seele. Solch' ein Ort ist die Marienburg an der Weichsel, die Wartburg auf der Höhe bei Eisenach, jenes Epheuschloß, das auf Heidelberg und den rauschenden Neckar hinabsieht.

Die Marienburg, das Schloß und Denkmal der deutschen Ordensritter, bezeichnet den Sieg deutscher Waffen, deutscher Kunst und Kultur über die Rohheit der slavischen Stämme; in der Wartburg erschollen die ersten kunstreichen Lieder unseres Volkes, von ihr ging die Bibelübersetzung Luther's aus, sie ist in jedem Sinne eine „feste Burg", so der Dichtung wie der Glaubensfreiheit; weniger der Weltgeschichte als der Schönheit, der Kunst, dem Vergnügen eines glänzenden Hofes scheint das Schloß zu Heidelberg anzugehören; dennoch ist eine der folgenreichsten Entschließungen, die Deutschland's Geschick bis zu uns bestimmt hat, in diesen Räumen gefaßt worden. Hier nahm Friedrich V. die Krone an, die ihm 1619 die böhmischen Stände im Aufstand gegen Kaiser Ferdinand II. anboten; dieser Schloßhof, den jetzt alle Zauber der Einsamkeit, die phantastischen Reize einer Märchen- und Trümmerwelt schmücken, ist die Geburtsstätte des dreißigjährigen Krieges gewesen; von dem prächtigen Altan, der das Neckarthal überschaut, rief die Mutter des neuen Königs — des „Schneekönigs", denn rasch wie Schnee zerrann sein Glück — dem Scheidenden nach: „Da geht die Pfalz nach Böhmen"; wir können sagen: da ward das Band der deutschen Einheit für immer zerrissen.

Da liegt es sonnenbeschienen, noch in seinen Ruinen ein stattlicher Fürstenbau, auf dem dicht bewaldeten Hügel. Durch Belagerungen und Plünderungen hatte das Schloß schon während des dreißigjährigen Krieges viel gelitten, 1689 und 1693 zerstörten es die französischen Truppen auf Befehl Ludwig's XIV. Das beste Bild, das Feodor Dietz gemalt, stellt ergreifend diese gräuelvolle Zerstörung Heidelberg's dar. Auf schnaubendem Roß, dem wilden Jäger gleich, jagt der Mordbrenner Mélac an der Spitze seiner Küraßreiter durch die Gassen, von den Bürgern, die aus ihren brennenden Häusern flüchten, umdrängt und verwünscht. In Flammen lodert im Hintergrund das Schloß auf. Die Verwüstung, welche die Franzosen begonnen, vollendete der Blitz. Der kunstsinnige Karl Theodor, dem, was auch seine Schwächen und Fehler waren, die Pfalz so viel verdankt, wollte das Schloß zu Heidelberg wieder aufrichten lassen; Befehle zur Herstellung des einen Theils der Gebäude waren schon ertheilt, der Kurfürst dachte daran, es zu beziehen, als der Blitz neben dem Otto-Heinrichsbau einschlug und das ausbrechende Feuer die letzten Ueberreste der alten Herrlichkeit zerstörte. So ist eine Ruine entstanden, epheuumwuchert, seltsam, phantastisch, wie keine andere; die „deutsche Alhambra" hat sie ein Engländer genannt. Die öden, verwilderten Schloßgärten unserer Dichter, die altersgrauen, verwitterten Steinmauern, die halbgebrochenen Bildsäulen, die im Mondschein wieder lebendig werden und von ihrem Sockel herabspringen, die verbannten Götter und Göttinnen Heine's, die Tieck'schen Ritter und Elfen, die mächtigen hohen Säle schmucklos und kahl bei Tage, die aber in der ersten Mainacht von wildem, bacchantischem Jubel wiederhallen: hier sind sie. Vielleicht ist an keinem Orte der Welt mittelalterliche Romantik mit der heitern Kunst der Renaissance und dem Reiz einer lieblichen Landschaft, der wiederum auch das Groteske nicht fehlt, inniger verbunden, als im Schloßhofe zu Heidelberg. Ich möchte behaupten, unter der Linde im Hofe, gegenüber dem Otto-Heinrichsbau, könne Niemand an einem sonnigen Nachmittage sitzen, wenn der tiefblaue Himmel durch das zerstörte Dach und die leeren Fensterhöhlungen scheint, ohne daß ihm die Stanzen Ariosto's, die Kunst Rafael's einfiele, daß ihm die Ahnung von oder die Sehnsucht nach Italien das Herz bewegte. Dem vollendeten Bauwerk mag die Vermischung so verschiedenartiger Stile geschadet haben, wo die roheren Formen des Mittelalters so nah die zierlichen der Renaissance und den Pomp der Bernini'schen Architektur berührten; den Ruinen verleihen sie ein eigenthümliches, poetisches Element. Mit seinen grünen, hundertjährigen Ranken bekleidet, umschlingt und schmückt der Epheu Alles: den melancholischen Herkules in jener Fensternische, wie die Wand des alten kaiserlichen Hauses, in dem 1405 der römische König Ruprecht V.

wohnte, und die Fürstengestalten, die einst die Façade des sogenannten „englischen" Baues zierten — eines Gebäudes, das Friedrich V. zu Ehren seiner Gemahlin Elisabeth Stuart aufführen ließ.

Von der Stadt aus tritt der breite Altan und das Schloß mit den aufstrebenden Giebeln, das Friedrich IV. erbaute, am mächtigsten und deutlichsten hervor. Ein prunkendes Haus, in großartigen Formen, die halb an den italienischen Dekorationsstyl, halb an den der französischen Schlösser erinnern. Die steingepflasterte Terrasse mit der steinernen Brüstung erhöht noch diesen Charakter des Fürstlichen und Prächtigen. Dieser Bau ist nicht schön, aber er wirkt durch seine Massen; erst nach dem Schloßhofe zu wird er durch Bildsäulen und architektonische Zierrathe belebt. Hoch oben auf dem Dach zwischen den beiden Giebeln steht die Gestalt der Gerechtigkeit, eine Waage in der Hand. In den Gemächern dieses Baues, den einzig wohlerhaltenen, ist jene Sammlung von Kupferstichen und Bildern aufgestellt, die zur Illustration der Geschichte des Schlosses ein Herr von Graimberg zusammengebracht hat. Nicht die Architektur, die Aussicht, die man vom Altan genießt, giebt diesem wunderlichen und barocken Theil des Schlosses seine Anziehungskraft. Ueber die Bäume und Gebüsche der Anhöhe hin taucht der Blick in die grüne Fluth des Neckars, darüber spannen sich die steinernen Bogen der Brücke, die Karl Theodor statt der hölzernen errichten ließ. Drüben am jenseitigen Ufer steigen die Berge höher hinan: Weinreben grünen hinter den schmucken, zierlichen Häuschen und Villen, die an dem Fuße der Höhen liegen, mit dichtem Hochwald sind ihre Gipfel gekrönt. Im Westen dehnt sich die Stadt aus mit ihren Kirchen und Häusern — eine lange Straße, von der aus kleine Gassen hier zum Flusse nieder- und dort den Bergabhang hinaufsteigen. Drüber hinaus die weite Ebene: Felder an Felder gereiht, Landstraßen, mit Obstbäumen besetzt, die in der Ferne sich verlieren, am Rand des Horizontes ein silbernes Aufleuchten: es ist der Rhein.

Aber nicht auf dem Altan ist der eigenste Reiz, die Besonderheit der Heidelberger Ruine zu suchen, ihre ganze Schönheit entfaltet sie im Schloßhof. Auf den vier Seiten umschließen Gebäude, Gemäuer und Thore in unregelmäßigen Formen den Raum: Gras wuchert zwischen den Steinen, von der alten Kapelle, die der Bischof Udalrich von Augsburg in der Mitte des 14. Jahrhunderts weihte, bis zu dem Kaiserbau Ruprecht's dehnt sich ein Rasenplatz aus, eine Trauerweide rauscht da über einer uralten Brunneneinfassung, sie hält flüsternde Zwiesprache mit der stattlichen Linde, die vor dem Schlosse Friedrich's IV. grünt. In den andern Theilen des Hofes hat sich das Gebüsch zu Lauben und Hecken verdichtet, im Frühling singen die Nachtigallen darin. Jetzt im Hochsommer klingt nur am Spätabend, wenn der Mond über den Wald und den Berg, der im Süden des Schlosses aufsteigt, langsam heraufkommt, aus dem einen Fenster die helle muntere Stimme der jüngsten Kastellanstochter über den Hof hin, ein Volkslied trällernd, während die ältere Schwester, die einen sinnigen Zug im Gesicht hat, auf der Bank unter der Linde sitzt, vornehm die Hände im Schooße: Mädchen, wie Heinrich Heine sie in den „Reisebildern" so oft geschildert.

Nördlich begrenzt der Friedrichsbau, ein Gebäude

mit zwei Arkadenreihen und ein gewaltiger Eckthurm den Hof, östlich schließen sich daran der sogenannte Otto-Heinrichsbau, Wirthschaftshäuser und der gesprengte Thurm: auf der Südseite erheben sich die Thürme, die das Eingangsportal schützten, im Westen liegen das Haus Ruprecht's, die Kapelle und zwischen ihnen, etwas zurücktretend, ein mittelalterliches Trümmerwerk, mit einem zierlichen, vorspringenden Erker. Im Einzelnen bieten diese Ruinen wenig der Betrachtung Werthes; die Kapelle ist zerstört, die Statuen, die sie schmückten, zerbrochen. Ursprünglich hatte sie zwei Stockwerke, in dem unteren befand sich die Kirche, in dem oberen der Festsaal. 1551, berichtet die Chronik, wurde in ihr zum erstenmal das Abendmahl in beiderlei Gestalt ausgetheilt; 1535 und 1671 wurden im Schloß zwei dänische Königstöchter mit Pfalzgrafen getraut, da war dieser ganze Raum mit Teppichen, Thronhimmeln und silbernen Armleuchtern auf das Kostbarste geschmückt und 4000 Gäste tranken auf das Wohl der Neuvermählten. Das Alles ist dahin; Braut, Bräutigam, Gäste und Teppiche, Gold und Silber: lächelnd hört der Wanderer seiner Führerin zu, die ihm, immer mit ihrem melancholischen Blick, erzählt, daß in diesem selben Kapellenraum Karl Theodor 1751 das allberühmte große Faß erbauen ließ. Mit Vergnügen weilt das Auge auf jenem Erker und auf einem steinernen Relief über dem Thor zu dem Ruprechtsbau; zwei Engel halten einen Rosenkranz mit einem Zirkel in der Mitte. Die vier Granitsäulen, die ihm gegenüber den Oberbau des großen Burgbrunnens tragen, sollen aus dem Palaste Karl's des Großen in Ingelheim herrühren. Rom und Ravenna, so will es die Sage, hätten dem großen Kaiser hundert Säulen zu einem Palaste geschenkt, diese vier wären die letzten Ueberreste derselben, die der Kurfürst Ludwig V. von Ingelheim, wo sie unter Schutt verborgen lagen, 1510 hierher geschafft.

Doch diese Dinge kann man in jedem alten Schlosse finden, einzig dagegen steht der Otto-Heinrichsbau, die Ostseite des Hofes bildend, da. Eine Wand steigt vor euch auf, aus röthlich schimmerndem Stein, dachlos, in drei Stockwerken, in jedem zehn Fensteröffnungen, zwischen je zweien in Wandnischen eine Statue, Säulen mit den zierlichsten Kapitälen, Reliefs mit musizirenden Engelsfiguren, wie sie feiner und anmuthiger nicht Albano gemalt, allüberall, die drei Fenster auf der rechten Seite des unteren Stockwerkes dicht von Epheu umsponnen, daß die Gestalten des Herkules und David's mit dem Haupt des Goliath wie in der Luft und im Grünen zu schweben scheinen: darüber und durch alle Oeffnungen hindurchschimmernd der blauste Himmel, der hellste Sonnenschein: es ist ein Anblick wie aus einem Märchen, aus dem Liede Bojardo's oder Ariosto's. Was die reichste und malerischste Phantasie ersinnen kann, diese Façade, die halb in Trümmern liegt, macht es wirklich und wahr. Wieder und wieder schaut man die Engel an, die, in den Verzierungen über den Fenstern, die Violine oder die Laute spielen: ein leises Klingen tönt durch die Luft, spielen sie wirklich? Ueber dem Portal — es ist ein Thor im Rundbogen — sitzen so ernst und still die Löwen im pfälzischen Wappen, als bewachten sie ein Zauberschloß. Vier Bildsäulen tragen das Gebälk, Figuren voll Kraft und Schönheit, vollständig die einen, mit verstümmeltem Haupt die andern. Oben, über dem Wappen, in einem Medaillon, das zwei Genien halten, ist das Bild des Erbauers angebracht, mit der Inschrift: „Otto Heinrich, von Gottes Gnaden Pfalzgraf bei Rhein, des heyl. Römisch Reichs Erzdruchseß und Churfürst, Herzog in Nieder- und Ober-Bayern." Otto Heinrich hat eine merkwürdige Aehnlichkeit mit dem Blaubart-Könige von England, Heinrich VIII. Wie jener, liebte er die Musik und die Ritterbücher. Sein Palast ist ein Denkmal seines Kunstsinns und seiner Neigungen. Wie in den romantischen Gedichten des ritterlichen Mittelalters und der italienischen Renaissance, verschlingt sich auch in diesem Bauwerk Antikes und Mittelalterliches, die Helden der Bibel nehmen neben den heidnischen Göttern und den christlichen Tugenden ihren Platz ein; musizirende Engel umgeben die Medaillons der römischen Kaiser. In den Nischen des Erdgeschosses erinnern uns Josua und Simson, Herkules und David, daß der Fürst vor allem ein Held sein solle, gottvertrauend, sicher im Bewußtsein seiner Kraft, darüber thronen die Tugenden: der Glaube, die Stärke, die Gerechtigkeit, die Hoffnung und die Liebe — zarte, gefällige Frauengestalten, durchaus im edelsten Geschmack der Renaissance, als wären sie nach Zeichnungen Rafael's, Benvenuto Cellini's gefertigt worden. In der obersten Reihe walten die Heidengötter Saturnus, Mars, Venus, Mercur, Diana, vielleicht ist in ihnen eine Anspielung auf die Planeten und die damals so viel beliebte und geübte Wissenschaft der Astrologie gegeben; hoch oben, auf der äußersten Spitze der Trümmer, neben gebrochenen Säulenschäften steht der höchste Gott Jupiter. Ueber, unter, neben diesen Statuen ist die ganze

Façade mit Reliefs, Arabeskenkränzen, Verzierungen jeder Art bedeckt, nicht die Vorderseite eines Hauses, eine Tempelwand glaubt man zu sehen — die Wand eines Tempels, in welchem die Gottheiten der Anmuth und der Schönheit, Musen und Grazien herrschen. Drüben das Mittelalter, schwere, mächtige, ungebrochene Massen; vom Haupt zur Sohle stahlgepanzerte Männer schreiten gebückt durch das Ruprechtsthor, im langen faltenlosen Gewande mit engen Aermeln, einen Schleier im Haar erscheint die Burgfrau in jenem Erker; hier aber, im Otto-Heinrichsbau gleiten lustige Masken, Zitherspieler, Geiger, Herren und Damen in italienischer Tracht lachend und singend durch die festlich erhellten Räume; drüben werden Kriegspläne entworfen, Mordthaten ersonnen, hier tanzen sie und spielen Komödie. In freudigster Laune, von Bacchus und Venus beflügelt, ergreifen sie die Wachsfackeln und tanzen über den Schloßhof, wo die Nachtigallen singen und die Linden rauschen. Aber der Mond ist da; er gießt sein volles Licht über den Palast Friedrich's V. aus, und nun erschrecken die tollen Tänzer und Tänzerinnen vor den bärtigen, gestrengen Fürstengestalten, die hier aus ihren Nischen stumm, feierlich und wie unwillig über den wilden Lärm herabschauen: Kaiser und Könige, Karolus Magnus, Ludwig der Bayer, Friedrich der Siegreiche... eine Reihe von sechszehn Heldengestalten. Mit ihnen schaut statt der Göttin der Freude die ernste Geschichte uns an. In dieses Schloß zogen die Abgesandten der böhmischen Stände 1619 ein, hier ward der Krieg gegen den Kaiser Ferdinand beschlossen. Mit dem Erbauer dieses Hauses,

Friedrich IV., schließt 1607 die Reihe der Standbilder ab; manche sind noch wohl erhalten, mit abgeschlagenen Köpfen, verrenktem Körper machen andere bald einen traurigen, bald einen komischen Eindruck. Unter ihnen befand sich der Eingang zu einer Kapelle, noch ist auf einem Stein die Inschrift über ihrem Portal, in hebräischer und lateinischer Sprache lesbar: „Dies ist die Pforte des Herrn; die Gerechten werden eingehen durch sie."

Wie stattlich und prächtig sich aber auch dieser Theil des Schlosses zeigt, immer wenden sich die Augen wie gebannt nach dem Palaste Otto Heinrich's zurück. „Nicht gemeißelt sind diese Verzierungen, dieser Schmuck", hat Dannecker davor ausgerufen, „hingehaucht sind sie auf den Stein" — gehaucht, möcht' ich hinzusetzen, von der Anmuth und der Schönheit. Die singenden, klingenden Steine der Romantiker: da sind sie. Jeden Augenblick, meint man, müßten die Genien aufspielen und die Götter und Göttinnen, die Tugenden und die Helden zum Tanz aus ihren Nischen herabspringen. Unbekannt ist der Name des Künstlers, der dies Märchenschloß baute. An den Plan desselben von der Hand Michel Angelo's, wie behauptet wird, glaube ich nicht: eher, da die italienische Weise und Architektur unverkennbar ist, möcht' ich an einen Schüler, einen Bewunderer Rafael's denken, in dessen Geist dies Werk entstand. Aufgeführt ward es in der Mitte des 16. Jahrhunderts.

Ueber die Zugbrücke, nach Westen gehend durch den tiefgrünen Wald, der das ganze Schloß umgiebt, kommen wir nach dem Stückgarten. Linden beschatten ihn, eine Fortsetzung des Friedrichsbaues, der englische Bau genannt, weil er der Gemahlin Friedrich's V., Elisabeth Stuart, zu Ehren aufgerichtet und von ihr bewohnt ward, begrenzt ihn im Norden. Trümmer über Trümmer, auf der Erde zerstörte Festsäle, Statuen in Epheu, unter der Erde verschüttete Gänge und Gewölbe. Ein steinernes Denkmal im Garten besagt, daß den Kurfürst Karl 1681, als er sich im Kanonenschießen übte, wider Erwarten hier eine aufgestellte Kugel getroffen. Schöner spricht zu mir die kleine Steinpforte, die zum Garten führt, das Elisabethenthor. Wieder ist es Elisabeth Stuart, die ihm den Namen gegeben. Wenig ist noch von den sinnreichen Verzierungen sichtbar, die es ehemals schmückten. Nur die Edeltannen, die davor stehen, dunkel und schlank, gleich jenen regen Wipfeln, die Iphigenie bei dem Hinaustreten aus Dianens Tempel begrüßte, wissen vielleicht noch von jenen Tagen. Dichtung und Geschichte begleiten den Wanderer hier auf allen Wegen; den mächtigen Thurm dort baute Friedrich der Siegreiche 1455, auf Melac's Befehl ward er 1689 gesprengt: er spaltete sich und die abgerissene Hälfte senkte sich unzertrümmert in schiefer Richtung, so verharrt sie noch heut, epheuumgrünt, der Zeit und den Wettern trotzend.

Geblendet sahen zwischen Rebenhügeln
Sie eine Stadt, von Blüthen wie verschneit,
Im klaren Strome träumerisch sich spiegeln,
Aus lichtdurchblitzter Waldeseinsamkeit,
Hoch über Fluß und Stadt und Weilern
Die Trümmer eines alten Schlosses pfeilern.

Der Wald indeß rauscht von uralten Sagen
Und von des Schlosses Zinnen über'm Fluß,
Die wie aus and'rer Zeit herüberragen,
Spricht abendlich der Burggeist seinen Gruß,
Die Stadt segnend seit viel hundert Jahren
Und Schiff und Schiffer, die vorüberfahren.

Es sind Eichendorff's Verse über Heidelberg. Nicht aus den Büchern, aus Märchen und Gedichten lernt man die deutsche Romantik kennen: ihren Gruß, ihre Umarmung empfängt man im Schloßhof zu Heidelberg.

Im Park zu Schwetzingen.

1864.

Der Eine reist aus Langeweile, um die Welt kennen zu lernen, der Andere, um sein Geld in Homburg oder Baden-Baden zu verspielen; von seiner Eitelkeit oder seinem Arzt verleitet, wandert der Dritte von einem Gesundbrunnen zum andern; er hofft Besserung seiner eingebildeten Leiden; ich nun bin in diesem Leben, das nur eine große Wanderung ist, ein sentimentaler Reisender. Meine Schwärmerei ist die thörichtste von allen, und wenn es nicht derselbe Hochmuth wäre, sich für den tiefsinnigsten Weisen oder den größten Narren zu halten, so würde ich sagen, ich sei mit meiner Vorliebe für Rococo-Gärten und Schlösser ein ganzer Narr. Aber — wir sind allzumal Sünder. Und im Grunde wollte ich nur fragen: Kennen Sie Schwetzingen?

Wien hat sein Schönbrunn, Berlin sein Sanssouci, Kassel seine Wilhelmshöhe; wenn man an einem Sonntagsnachmittag in Heidelberg oder Mannheim nicht weiß, was man mit den Stunden und dem Sonnenschein anfangen soll, fährt man nach Schwetzingen. Eine gutgepflasterte, öde Straße führt nach dem kleinen Ort; ringsumher ist die Landschaft flach; Obstbäume stehen am Wege, Getreide- und Hopfenfelder dehnen sich dahinter aus. Verglichen mit dem lieblichen, reizenden Anblick, den das Neckarthal um Heidelberg gewährt, versetzte mich das Bild, das sich während der Fahrt vor mir entrollte, wieder in meine märkische Sand-Einöde zurück. In Berlin kann kein Sonntag staubiger sein, als dieser zwischen Heidelberg und Schwetzingen es war.

Im Juli des Jahres 1753 fuhr dieselbe Straße ein Mann, der damals neben Friedrich dem Großen und Maria Theresia den berühmtesten Namen in Europa führte: Voltaire. Karl Theodor, der Kurfürst der Pfalz, hatte ihn eingeladen, seinen Musensitz Schwetzingen zu besuchen. Doch fand Voltaire den Garten nur halb so schön, als ich, denn alle Wunder und Spielereien, die er enthält, sind erst nach seiner Anwesenheit entstanden. Später zu Ferney schrieb er einmal: „Lamettrie hat den Menschen zu einer Pflanze gemacht, aber ach! wie traurig ist es, nur eine Pflanze im Lande Gex zu sein, ich würde viel herrlicher in den Gärten zu Schwetzingen blühen." Wie wechselnd ist der Leumund der Menschen! Die Pfälzer bewahren noch heute das Andenken Karl Theodor's in dankbarer Erinnerung; die Bayern schelten ihn; er war es, der Bayern, das ihm durch Erbschaft zugefallen, an Kaiser Joseph II. gegen dessen belgische Lande und den Titel eines burgundischen Königs vertauschen wollte. Armer Karl Theodor, es traut ihm Keiner, wenn er ihn in seinem etwas armseligen Standbild von grauem Sandstein auf der Neckarbrücke zu Heidelberg betrachtet, so viel Gedanken, Einfälle und phantastische Grillen zu, als er sie im Garten zu Schwetzingen verwirklicht hat. Zu Düsseldorf gründete er die Kunstakademie; dort

hingen die vierzig Bilder von Rubens, die jetzt die Hauptzierde der alten Pinakothek in München sind. So unrecht hatten „Senat und Volk" von Heidelberg nicht, als sie unter dem Standbild, das sie ihm auf jener Brücke errichtet, die Worte anbringen ließen:
„Wer war würdiger, Rupert's geliebter Tochter (das
ist Heidelberg)
Im hohen Alter neue Reize zu verleihen
Als der Weise, der Kunst und Wissen liebt und lohnt."

Aber da sind wir am Thore zu Schwetzingen. Das Schloß ist ein langgestrecktes Gebäude mit vorspringenden Flügeln, durch nichts bemerkenswerth; es ist gelb angestrichen, seine Fenster haben grüne Jalousien. Ursprünglich ein kleines Jagdschloß, ward es im dreißigjährigen Kriege und später, als die Franzosen auf Befehl Ludwig's XIV. die Pfalz verwüsteten, geplündert, zerstört; der Kurfürst Johann Wilhelm baute es um 1700 wieder auf; über dem Portal der Wache sieht man noch sein und seiner Gemahlin schöngemeißeltes Wappen.

Wenn in Paul Heyse's Drama „Elisabeth Charlotte" die Prinzessin mit ihrem Jugendfreunde in schwärmerischer Erinnerung im Schloßgarten von Schwetzingen sich ergeht und seine Reize in wohlklingenden Versen schildert, so fällt sie in einen Anachronismus. Als Elisabeth Charlotte jung war, besaß der Garten von Schwetzingen kein einziges Marmorbild und keinen Springbrunnen, es war ein verwilderter Park, ungepflegt, vielumbüscht, eine Waldeinsamkeit, die keine Prinzessin des 17. Jahrhunderts durchstreift hat. Wie anders jetzt — wer an einem heitern, sonntgen Nachmittag in den Garten tritt, glaubt unter dem

Portal des Thores, ein Bild von Claude Lorrain erschiene vor seinen geblendeten Augen, so sonnig und duftig Alles, so mächtig, schattenspendend die Bäume. Eine große Allee zieht sich scheinbar unabsehlich durch den ganzen Garten hin, hohe Lindenbäume bilden sie, alle sind gleich groß, alle gleich geschnitten. Auf den Rasenbeeten stehen Urnen und Vasen von Marmor, Sandstein oder Erz; aus dem dunklen Grün der Gebüsche lauschen Büsten, marmorne Göttergestalten hervor. Rechts und links umschließen in einem weiten Halbkreise die Orangeriehäuser, die Spiel- und Tanzsäle und das Theater den Vorgrund des Gartens. Als Voltaire in Schwetzingen eintraf, war das Theater gerade fertig gebaut worden; ihn zu ehren hat man vielleicht eine seiner Tragödien darauf gespielt.

Das Geschraubte und halbwegs Lächerliche eines französischen Trauerspiels verliert sich im Anblick solcher Rococoschlösser, wenn man sich die gepuderte, hochfrisirte Gesellschaft vorstellt, welche das Publikum abgab. Damals bestimmte Karl Theodor für die Verschönerung des Gartens jährlich 66,000 Gulden, die jetzt auf arme 12,000 Gulden herabgesetzt sind — eben genügend, um den Garten in leidlicher Ordnung zu halten.

Eine Reihe von Springbrunnen erfrischt und belebt das Ganze. Die stärkste Fontaine strömt aus dem Rachen eines Delphins, der den geretteten, die Leier spielenden Arion auf seinem Rücken trägt. Gewaltige Hirsche, in Netzen gefangen, von Hunden ergriffen, werfen hier einen blendenden Strahl aus, dort entrauscht er dem Schnabel von Schwänen und Reihern, auf denen Kinder reiten. Groteske Wasserkünste, wie

man ihnen auch in Bayreuth in dem Lustschloß der
Eremitage begegnet. Und kein Maler kann seinem
Bilde einen schöneren Abschluß geben, als ihn diesem
Landschaftsgemälde die Natur verliehen. Duftig, dunkel-
blau, in schön geschwungener Linie, erhebt sich im
fernen Hintergrunde das Hardtgebirge: getäuscht wähnt
der Blick, es gehöre noch zum Garten. Auf der rechten
und linken Seite verstreut, locken nun seltsame Gebäude, wunderliche Statuen den Wanderer in gefälliger
Neckerei hin und her. Da ist eine Moschee, eine Nachahmung der Kaaba zu Mekka, von dem Ober-Bau-
director des Kurfürsten, Pigage, seit dem Jahre 1784
aufgeführt, mit weiten Arcadenreihen, die einen
rasenbedeckten, stillen Vorhof einschließen, zweien
Priesterzellen, deren Kuppel den Sternenhimmel der
Nacht mit dem aufgehenden Monde zeigt, mit schlank
aufstrebenden Minarets und dem reichgeschmückten
Hauptgebäude. Sein Boden ist mit Marmorplatten
belegt; acht cannelirte Pilaster tragen das Gesimse der
Kuppel; Malereien und Vergoldungen, kunstvoll und
sinnig verschlungene Arabesken zieren die Wände:
Sprüche des Korans, arabisch und deutsch, stehen darauf, wie am Thor des Eingangs, und zwingen uns
durch die Anmuth ihres Ausdrucks wie ihren sinnvollen
Inhalt unwillkürlich zum nachdenklichen Verweilen:
„Wegen der Rose begießt man die Dornen," sagt der
eine, und ein anderer räth:

„Erwirb Dir Gold, so viel Du brauchst,
  Und Weisheit, so viel Du kannst."

Ein schattiger Weg führt von der Moschee zu der
künstlichen Ruine eines römischen Mercurtempels. Auf
einem Hügel liegen die Trümmer aus röthlich-gelbem

Tufstein malerisch da. Die Hälfte der Kuppel ist eingestürzt, wohlerhalten sind dagegen die Basreliefs in den Giebelfeldern des Eingangs. Was Lessing einmal von einer andern, von der schauspielerischen Kunst, forderte, ist hier geschehen: die Kunst wieder zur Natur geworden. Hier hat der Gartendirector Skell die Anlagen im englischen Stil eingerichtet. Aus den zierlichen, ein wenig enggeschnürten Formen der französischen Gartenkunst, wie Le Nôtre sie liebte, entwächst die Landschaft, sie wird ein freier, stattlicher Park. Hübsche Baumpartien und Laubgänge umgeben einen weiten, stillen See; aus dem Schilf, halb von ihm verborgen, ragen zwei mächtige, ruhende Gestalten hervor: der Rhein und die Donau. Durch das Schilf, das über sie hinnickt, und die breite grüne Wasserfläche, aus der sie heraufzusteigen scheinen, gewinnen die beiden Figuren ein eigenthümliches poetisches Ansehen. Diesseit des Sees, dem Schlosse näher, erhebt sich auf einem gewaltigen Unterbau der Tempel des Apollo, das zierlichste Rococokunstwerk des Gartens.

Ein schattiger, dunkler Hain nimmt uns auf; an den Büsten eines Gladiators und des weisen Solon, an den Standbildern der Ceres und Flora gehen wir vorüber, bis sich vor uns ein vertieftes, längliches Rasenbeet öffnet; von Süden, Norden und Osten steigen Stufen zu ihm nieder, jede von zwei Sphinxen bewacht. Die Köpfe der Sphinxe sind nach den Gesichtern einiger Damen aus dem Hofstaate Karl Theodor's gebildet, ihre Haare sind im Geschmack des Rococo frisirt oder von einer Art Turban umgeben, die eine und die andere trägt ein Busentuch; eine, lorbeerbekränzt, vielleicht die Dichterin des Hofes, legt die

Kralle auf ein Buch, die andere, stolzblickend, eine hoch-
busige Schönheit, hat mit der Tatze eine Krone erfaßt:
spielte sie die Hauptrolle am Hofe? Doch still sind die
Bäume umher, nur der Wind säuselt in ihren Zweigen. An dem Westende des Rasens steigt der Fels
stufenweise empor; auf seiner höchsten Spitze steht
mit zwölf jonischen Säulen ein rundbedachter Tempel,
in dessen Mitte Apollo mit der Leier auf einem grau-
marmornen, mit weißen Laubkränzen umrankten Sockel
thront. Die Statue, aus carrarischem Marmor, ist ein
Werk Verschaffelt's; magisch fielen die milden Strahlen
der Nachmittagssonne in den Tempel und den Hain.
Das jugendlich heitere Antlitz des Gottes leuchtete uns
freundlich entgegen; leider ist ihm die Nasenspitze ab-
gebrochen. Aber im Sturm der Zeiten ist mehr verloren gegangen, als die Nasenspitze Apollo's und die
Arme der Venus von Milo. Doch in der Dämmerung
dieses Haines würde Heinrich Heine den verstümmelten
Jüngling freudig als seinen Apollogott begrüßt haben.
Der verschwiegene, menschenleere Garten, die Sphinxe
mit ihren klugen, verschmitzten, lächelnden Gesichtern,
wie stimmt das Alles harmonisch zusammen. Mit der
linken Hand spielt Apollo die Leier; als man den Künstler auf diesen Fehler aufmerksam machte, soll er gesagt
haben: „Einem Gott ist Alles möglich!" Wie die
Götter zu ihrer Allmacht kommen! Halbvollendet sollte
dieser Apollo ursprünglich einen Engel abgeben, zum
Schmuck der Jesuitenkirche in Mannheim. Da über-
warf sich der Kurfürst mit den frommen Vätern und
ließ die Marmorblöcke, die zur Zierde der Kirche bestimmt waren, nach Schwetzingen bringen; so wurde
aus dem christlichen Engel mit erhobenem linken Arm

ein heidnischer Apollogott, der die Leier mit der linken
Hand spielt. Unter dem Tempel, an den Felsen gelehnt,
gießen zwei Najaden aus einer Urne einen reichen Strom
kristallhellen Wassers, das langsam von einem Becken
zum andern plätschert. Wie lieblich die Wasser sprudeln; ich sitze tief unten im Schatten, in der Betrachtung der Sphinxe versunken, und mir fallen die Verse
des Horaz ein, die seine Bandusische Quelle feiern, mit
ihrem glänzenden Wasser, ihren geschwätzigen Wellen.
So still, feierlich ist es umher. Sind wir in Griechenland, auf Mont Parnaß? Hier wogte einst ein freud-
volles, lustiges Getümmel, von Rococodamen und Ro-
cocoherren; der Ort diente zu Karl Theodor's Zeiten
zu einem Theater im Freien; 1803 wurde hier zum
letzten Mal vom Mannheimer Theater-Personal gespielt.
Wie ändern sich doch die Zeiten! Die goldenen Sonnen
an dem zierlichen Eisengitter, das den Apollofelsen auf
der äußern Seite als Brüstung umgiebt, sind fast ganz
verblichen, und statt des kurfürstlichen Hofes feiern die
Gesangsvereine von Schwetzingen im Garten der Sphinxe
ihre demokratischen Feste. Bei einem derselben verlor
vielleicht der Apollogott seine Nasenspitze: er kann sich
trösten, Andere haben den Kopf und die Krone bei
demokratischen Festen verloren.

An den Tempel des Apollo reiht sich ein Tempel
der Botanik, 1778 errichtet; er gleicht einem colossalen
Eichenstamm, der in einer gewissen Höhe durchschnitten,
ausgehöhlt und mit Portal und Kuppel versehen wurde.
Ein kostbar ausgestattetes Badhaus zeigt uns den Reichthum und die Lebenslust des vergangenen Jahrhunderts;
eine römische Wasserleitung in phantastischen Trümmern erinnert an die Zeit der Cäsaren. Von dem

Aquäduct herab überschauen wir den Garten und die modernen Hopfenfelder, die ihn weithin umgeben, eine Verbindung des Schönen mit dem Nützlichen, die mir nicht gefällt. Wohin man dann noch wandert, überall Denkmäler, Bildsäulen, Bauwerke. Bei den Gartenarbeiten wurden Waffen, Urnen und Gebeine gefunden, es mußten natürlich Deutsche und Römer gewesen sein, die hier im wilden Gefecht ihren Tod gefunden. Unter Tannen thürmte ihnen der Kurfürst ein Denkmal auf, und daß dem Erhabenen das Lächerliche nicht fehle, steht auf einem andern Monument aus Sandstein die Inschrift: „Du bewunderst, Wanderer! Sie selbst staunt, die es nicht gab, die große Mutter Natur!" Vögel, die auf eine Nachteule Wasser sprudeln, eine Landschaft als Fernsicht gemalt, vertreten das Element des Drolligen. Will man wissen, wie jene Zeit sich die Göttin der Weisheit dachte, die eherne, jungfräuliche Minerva? Gewandlos steht sie da, aus Marmor, von Crepello gebildet. Auf dem Haupt trägt sie einen Helm, in der Hand hält sie eine Palette. Wenn die Hofdamen nackt gingen, würde ich sagen: eine derselben am lustigen Hofe Karl Theodor's hätte zu dieser Minerva Modell gestanden. Noch lieblicher ist eine Galathea, die aus dem Bade steigt, von einem häßlichen Wassergott mit lüsternen Blicken belauscht. „Hätte das Gesicht einen mehr idealen Ausdruck," sagt ein Beschreiber des Gartens, „könnte man veranlaßt sein, das Standbild für eine Venus im Bade zu halten." Nein, den Musen sei Dank! es ist keine Venus, es ist eine holdselige Nymphe, mit sinnigem, sentimentalem Köpfchen, man denkt an die Damen der Rousseau'schen Empfindsamkeit, an Goethe's Jugendfreundinnen, und kann nur schwer an die Thatsache glauben, daß Crepello schon in der ersten Hälfte des achtzehnten Jahrhunderts die Statue geformt. Auf einem Basaltfelsen sitzt, seine Hirtenflöte spielend, der ziegenfüßige Pan, ein groteskes und schauerliches Bild: dunkle Bäume umschatten ihn, langsam in Tropfen rieselt Wasser aus dem Stein, dem schwarzgrünes Moos entkeimt, röthliche Sonnenstrahlen spielen darüber, den Betrachter ergreift etwas von jenem Schrecken vor der Allgewalt der Natur, welchen die Griechen den „panischen" nannten.

Spielereien! ruft der Leser aus. Ich gebe es zu; aber in dieser Vereinigung einer an sich schönen Natur mit den Schöpfungen der Kunst liegt ein so anziehendes Element, daß dem sinnigen Wanderer die Stunden in diesem Park verrinnen, wie eben so viele Minuten. „Phantasie, du meine Göttin!" sie herrscht hier, sie entführt die Gedanken auf ihren Fittigen. Gern bevölkern die Dichter, Jean Paul so wie Goethe, Heine wie Tieck und Eichendorff, diese Alleen und Bosquets mit Göttern und Nymphen, mit Cavalieren, Ehrenfräuleins und italienischen Sängerinnen, mit verbannten Göttern und romantischen Cameliendamen: dieser Aufwand der Erfindungskraft ist in Schwetzingen unnöthig. Wie er ist, wirkt der Garten auf das Auge des Leibes wie der Seele wohlthätig, erfreuend. Die eigene Verlassenheit, in der er hinträumt, mag ihn noch über seinen gewohnten Zauber für mich mit einem Reiz der Melancholie ausstatten. Als die Neckargegenden der Pfalz an Baden fielen, kam Karlsruhe empor und Schwetzingen sank von der Höhe eines Residenzschlosses herab; nur selten besuchen es noch die Großherzoge von Baden. Das herabgefallene Laub bedeckt die Wege, eine und die andere Marmorfigur ist verstümmelt, manche Kunstwerke sind in den Garten von Karlsruhe verschleppt worden.

Und die Wasser verstummen, die Sonne ist gesunken. Dafür blühen lustig die Hopfenpflanzungen — es lebe der Materialismus!

Und was ist das nun Alles? Ein Capitel aus einer „sentimentalen Reise" — schlußlos, da ja selbst der „schönste Geist", Lorenz Sterne, die seinige nicht beenden konnte.

Am Rhein.
1864.

I.

„Auch ich war in Arkadien:" die Zeit ist längst vorüber, wo Jemand diesen Wunsch hegte; wir wissen, daß Arkadien heute wie im Alterthum ein rauhes Bergland für Ziegen und Ziegenhirten war und ist, in dessen Unwirthlichkeit sich der civilisirte Mensch, mochte er nun aus Athen oder Rom, aus Berlin oder Wien kommen, gleich unbehaglich fühlte und fühlt. Die Dichter sind große Betrüger, sie machen barfüßige Landmädchen zu Halbgöttinnen und kalte, trübe Landschaften zu Paradiesen. Deutschlands Arkadien und Tempe zugleich ist das Rheinthal. „Fuhren stolz hinab den Rhein": wem klängen diese Worte Heine's nicht im Ohr, wer wünschte nicht, daß auch ihm die Seele auf dem Rhein weit würde? Dafür nimmt er die rheinischen Gasthofspreise, die ihm die Taschen weit und leer machen, gern in den Kauf. Aber Alexander der Große hinkte und diese dichterische Erhabenheit vergißt, mit dem Kopf in den Wolken, daß sie nasse Füße und einen prosaischen Schnupfen bekommt. Mir nun, der ich unter einem Unstern geboren bin und diese Welt nicht mit Leibniz für die beste unter allen möglichen Welten halten kann, giebt diese prosaische Wirklichkeit täglich und stündlich so harte

Stöße mit ihrem Ellbogen, daß mich nur das An=
denken an den armen Tristram Shandy, dem schon
bei der Geburt die Nase eingequescht wurde und der
statt des herrlichen Namens Trismegistus in der Noth=
taufe den melancholischen Namen Tristram erhielt, vom
Hader mit dem Himmel abhält.

An einem trüben Nachmittag nahm ich auf dem
Rheinquai von dem merkwürdigsten Mann in Bingen
Abschied. Die arabische Schöne erzählte ihrem Sultan
tausend und eine Nacht hindurch Märchen, der Mann
aus Bingen war 1001 mal auf den Niederwald gestiegen,
hatte 1001 mal gesagt: das ist der Mäusethurm, das ist
die Nahe, das ist die Drususbrücke. Von den 1001
Schoppen Rüdesheimer, die er nach diesen Anstrengungen
getrunken, glühte sein Antlitz wie der Berg Scharlach=
kopf im Abendroth hätte glühen können, wenn es für
mich in Bingen ein Abendroth gegeben hätte. Wenn er
auch nicht diese Welt für die beste hielt, so glaubte er
doch eins: daß der Niederwald der schönste Wald, gegen
den Wein von Rüdesheim Madeira Krätzer, daß der
Markt in Kreuznach und das Fest bei der Rochus=
kapelle großartiger als alle Märkte und Feste auf Erden
seien. Uebrigens ein vornehmer Mann, der drei Viertel
des Tages Nichts that und niemals mit reisenden
Handwerksburschen, sondern immer nur mit „Londoner
Lords" und „Berliner Commerzräthen" umgegangen
war. „Sie werden es bereuen," sagte er, als ich über
die Landungsbrücke, ihm und dem „weißen Roß in
Bingen" den Rücken zukehrend, das Dampfschiff betrat.

Was bereuen? fragt der Leser neugierig. Das
Rochusfest und den Jahrmarkt in Kreuznach, die in
zwei Tagen stattfinden sollten und die abzuwarten ich

weder Lust noch Zeit hatte. Aber etwas wie einen Fluch schleppte ich doch mit mir. Kaum setzte sich nämlich das Schiff in Bewegung, so begann es leise, langsam und unaufhörlich zu regnen. In unserer Humanität nennen wir Norddeutsche solch' Wetter einen „gemüthlichen Landregen".

Alle Bewunderer des Rheins kommen darin überein, daß die Strecke von Mannheim bis Mainz nicht zu den Schönheiten des Flusses gehöre. Flache, niedrige Ufer, mit Weidengebüschen besetzt, hinter denen sich Pappelbäume erheben. Dennoch machte die breite, grünschimmernde Wasserfläche im Mittagssonnenschein einen erfreulicheren Eindruck auf mich, als jetzt der nebelbedeckte Strom, der zwischen den unmalerischen Weinbergen dahinfloß. Ein Prädicat verdient indeß der Rhein immer, den Beinamen des königlichen. Bei der Breite seiner Wassermasse, bei der Majestät, mit der er seine Wellen dahinrollt, merkt man nicht, wie gewaltig seine Strömung ist, bis man die Schleppdampfschiffe mit ihrer Last sich mühsam keuchend stromaufwärts arbeiten sieht. Wie auf jedem Dampfschiffe war auch hier eine zusammengewürfelte Gesellschaft: Lustige und Mürrische, Kluge und Narren. Nur fing allmälig das Grau des Himmels an, uns alle in dasselbe unterschiedslose Grau der Langenweile zu kleiden. Am unglücklichsten fühlte sich ein hochaufgeschossener Sohn Albions, seinem Aussehen nach ein Handlungsdiener aus einem mittleren Banquiergeschäft London's. Er war im Besitz aller Eigenschaften eines „römischen Bürgers", wie Lord Palmerston einmal seine Engländer nannte, aber im Besitz eines deutschen Wortes und deutscher Geduld war er nicht. Durch irgend ein Verhängniß hatte er seinen rothen Murray verloren und war auf sich selbst angewiesen. Um sich zu zerstreuen, begann er, es sich „bequem zu machen"; er entledigte sich seiner Stiefel und zog Morgenschuhe an, und nachdem er lange vergeblich einen Platz gesucht, lehnte er entschlummernd sein Haupt an einen Haufen Mehlsäcke, die neben dem Radkasten aufgethürmt waren. Sein schwarzlockiges Haar erhielt dadurch bald einen Anstrich von Puder, und eine Wolke stäubte um ihn, wenn er sein Haupt im Schlafe schüttelte. Er schlief einen Schlaf, um den ihn Lenau's Zigeuner unter der Weide im Ungarland hätte beneiden können. Ein breitschulteriger Mann aus Frankreich, mit dem rothen Bändchen der Ehrenlegion geschmückt, vertilgte schweigend eine Tasse Kaffee und einen Cognac nach dem andern, während ein redseliger Deutscher ihm die Burgruinen zeigte, die nun auf jeder Anhöhe grau, verwittert und wie man so sagt, „nicht einen Schuß Pulver werth", aufragten. In einem schönen „Panorama du Rhin" blätterte inzwischen die nicht liebreizende Tochter des Franzosen, die nichts von der Anmuth der Pariserinnen, desto mehr von der Corpulenz unserer Landschönen aus Pommern besaß.

Ueberhaupt spielten die Reisebücher mit und ohne Bilder, seit wir an der Eisenbahnbrücke bei Bingen vorübergefahren, eine Hauptrolle. Jede Dame besaß mindestens eins, manche zwei; die Operngucker, Fernröhre und Lorgnetten wurden hervorgeholt, die historischen Studien feierten auf unserem Dampfer einen großen Triumph. Die Räubergeschichten all' dieser erbärmlichen Burgen liefen von Mund zu Mund; da saß ein Brudermörder, dort drüben ein Mordbrenner.

Auch an Liebe fehlte es nicht. Wegelagerer waren sie alle, diese Helden des Rheins, und wir moderne Menschen, denen der Friede und der Handel das Höchste sind, schwärmen uns in eine romantische Begeisterung für Thaten hinein, die im Grunde nur Stoffe für Criminalgeschichten im Stil Temme's abgeben! Ich pries in meinem Herzen den bürgerlich-prosaischen König Rudolph von Habsburg, der diese Rheinburgen gebrochen und die romantischen Spitzbuben köpfen ließ. Die Heine'sche Zeit — die „süße Jugendeselei" — wo es am Rhein noch keine Eisenbahnen und keinen Reisepöbel gab, hörte hier noch „Lauten klingen, Buben singen" und saß im Abendroth, wie es die Düsseldorfer Maler in den dreißiger Jahren so sentimental gemalt, zu den „Füßen einer schönen Frau"; auf unserem Schiffe klangen nur die verschiedenen deutschen Mundarten unharmonisch durcheinander und obgleich drei oder vier „schöne" Frauen mit uns waren, saß doch Keiner zu ihren Füßen; ja sie selbst wickelten sich immer dichter in Plaids und Mäntel und ungeduldig rief die Eine, eine Dresdnerin, als wir uns Bacharach näherten: „Da ist schon wieder solch ein häßliches Dorf!" Meine Beredsamkeit konnte sie nicht überzeugen, daß diese Dörfer poetische Städte seien, von Wolfgang Müller des Weiteren und von Heine und Freiligrath des Kürzeren besungen; sie blieb dabei, daß Loschwitz an der Elbe mit seinen Forellen und seinem Schiller-Denkmal viel lieblicher sei als der „ganze" Rhein — „ja der ganze!" wiederholte sie mit einer verächtlichen Bewegung ihres kleinen Fußes. O Schollenvaterlandsliebe! Und ihr behauptet, nur die dreißig Fürsten verhinderten den Aufbau eines einigen Deutschlands!

Die kleinen Städte am Rhein thun sich selbst in ihrer malerischen Wirkung Eintrag, eine gleicht der andern; eine lange Straße mit schiefergedeckten Häusern, aus deren Mitte zuweilen ein altersgrauer Wartthurm, eine romanische Kirche aufsteigt, zieht sich hart am Ufer hin, unter den verwitterten Häuschen fallen die neu aufgebauten Gasthäuser stattlicher in die Augen; dahinter klimmen die schmutzigen, engen, trübseligen Gassen den Berg hinan. So ist Bacharach und Boppard, St. Goar und St. Goarshausen. Caub wird durch den vor ihm im Wasser auf einer kleinen Insel gelegenen Thurm, die Pfalz, Oberwesel durch seine halbzerstörte Stadtmauer gehoben. Die Burgtrümmer wie die Städte sehen einander zum Verwechseln ähnlich; bei heiterm Himmel in milder Abendbeleuchtung, purpurnem Wiederschein wird dieses Städtlein, jenes Schloß, die Kirche dort drüben ihren poetischen Eindruck auf kein Gemüth verfehlen, in Nebel und Regen schaut Alles verdrießlich, kalt und fahl uns an. Mit Ausnahme zweier Stellen, dem Siebengebirge und dem Loreleifelsen, fehlt der Rheinlandschaft eine bestimmte, scharf dem Auge sich einprägende Form. Liebliche Bilder wechseln mit lieblichen Bildern; es fehlt das Groteske des Harzes, die Felsenufer der Moldau in Böhmen, der Baumwuchs Thüringens, die Verschiedenheit der Landschaft, die eine Elbfahrt von Dresden nach Schandau so unterhaltend macht. Das Neckarthal bei Heidelberg stellt im Sonnenschein wie unter grauen Wolken das Rheinthal nun vollends in Schatten.

Indem entsteht eine allgemeine Bewegung auf dem Verdecke: Alles drängt nach vorn. Lorelei! rufen drei Bonner Studenten und blicken von ihrem „Whist mit

einem Strohmann" und ihrer vierten Flasche Rüdesheimer auf. Keine schöne Jungfrau saß auf dem kahlen,
nackten Felsen; es regnete und Nebel und Wolken brau-
ten um den Gipfel — war ein Göttliches dort oben,
so war es die Großmutter Odin's, die, wie alle nordi-
schen Gottheiten, nur im Regenmantel spazieren ging.
Ein langweiliges, prosaisches Floß für die Holzhändler
in Rotterdam lag unweit des Felsens; der Steuermann
und die Vornehmeren unter der Besatzung standen in
triefenden Gummiröcken darauf und tranken einen
„steifen" Grog, schwerlich auf das Wohl der Lorelei.
Die Lorelei ist bekanntlich eine Erfindung der Dichter:
Brentano's, Heine's, Eichendorff's, das Volk weiß nichts
von ihr. Im Gegentheil, der Rheinländer ist gerade
so unpoetisch, wie der Hirt in Arkadien. Woher soll
ihm in seinen eintönigen, graugrünen Weinbergen,
mit den traurigen Steinmauern, auch die Poesie kommen? Liebe zum Bacchus ist noch lange nicht Liebe
zu den Musen. Unsere Musen, ich meine die Damen
auf dem Schiff, hatten sich in ihrer poetischen Begeisterung für die Lorelei auf dem zweiten Platze, der kein
schützendes Regendach bot, die Füße gehörig erkältet,
nun verpuffte noch der obligate Kanonenschuß in die
leere Luft, ohne ein Echo zu wecken, es wurde dunkler,
und verdrießlich flüchteten sie in die Cajüte. Der Lands-
mann Byron's erwachte bei diesem Lärm, unwirsch fuhr
er sich durch das Haar und zog die Hand mehlbestäubt
zurück. Verwundert sah er sich um: ein Lächeln erschien auf seinen gelangweilten, wie selbstmörderisch
gekniffenen Lippen, als er seine Lage neben den
Mehlsäcken erkannte. Hin und her dehnte er sich und
bestellte ein Beefsteak, ihm gegenüber war der Franzose

eingeschlafen, seine Tochter las unten, bei einem flackernden Stearinlicht, einen Roman von Paul de Kock, das einzige „pikante" Buch, das am Bord zu sein schien.

Ich blieb auf dem Verdeck — wie viele Narren trägst du doch auf deinem breiten Rücken, Allvater Rhein, dachte ich. Eine gewisse Nebelpoesie machte sich jetzt in dem tiefen Grau des Abends, das mehr und mehr zum Dunkel der Nacht ward, geltend. Verschwommen, formlos Fels und Himmel, Strom und Ufer: hier und dort glimmt ein Lichtlein auf, dies ist am Lande, jenes rührt von einem sich nahenden Schiffe her, nun rauscht das Wasser so eigen, so geheimnißvoll. Auch Goethe dachte einst, am Rheinfall bei Schafhausen, an diese Nebelpoesie, an Ossian. Sie umgab mich wieder, diese phantastische Welt der Dämmerung, wie vor Jahren am Herthasee auf der Insel Rügen, auf der einsamen Woge der Ostsee. Aber auch die Studenten leeren das letzte Glas, legen die Karten zusammen, eine tiefe Stille allüberall, nur die Maschine grollt und stöhnt — und so fuhren auch wir — „stolz hinab den Rhein" zu dem heiligen Köln.

II.

In Köln giebt es zwei Berühmtheiten, die sich einander die Waage halten: die Jean Maria Farina's und die des Domes. Der echte Jean Maria Farina wohnt, wie jedes junge Mädchen seit ihrem ersten Balle weiß, um es nie wieder zu vergessen, am Jülichschen Platz, die unechten in jeder Gasse Köln's. An keiner Ecke fehlt der Laden mit Kölnischem Wasser. Aber Niemand kann behaupten, daß die heilige Stadt, die viele hundert Kapellen und Kirchen hat, darum wohlriechender sei. Ein Gewirr kleiner, schmutziger Gassen, ohne Bürgersteig, schlecht gepflastert, ewig befahren von zweirädrigen Karren, die ein ohrenzerreißendes Geräusch machen, steigt vom Ufer des Rheins mäßig an. Von Deutz aus übersieht das Auge am besten „die heilige Stadt". Zwei Brücken führen über den Rhein: die Schiffbrücke und die stehende Eisenbahnbrücke: holzgedeckt ruht sie auf mächtigen Quaderpfeilern, ein hohes Eisengitter umschließt sie: man glaubt in einem langen Menageriekäfig zu wandeln, wenn man darüber geht. Da sie nicht wie die Eisenbahnbrücken von Mainz und Coblenz gewölbt ist, sondern eine schnurgerade Linie bildet, erscheint sie trotz ihrer Großartigkeit geschmacklos. Das landschaftliche Bild zerstört sie in greller Weise, wie eine dichte Wand steigt sie aus den Wassern auf: statt Leichtigkeit Schwere, statt anmuthiger Formen kolossale Massen. Und unweit entfernt von ihr erhebt sich ein Werk, das gerade in der Bewegung und Beseelung der Steinmassen das Höchste und Bewunderungswürdigste leistet: der Kölner Dom.

Der Eindruck, den ich von ihm empfing, ist zugleich mächtiger und schwächer als der, den die Heidelberger Ruine auf mich machte. Der Dom ist unvollendet, ein im Werden begriffenes, noch namenloses Etwas. Vergleicht man den alten, in Darmstadt und Paris wieder aufgefundenen Plan mit dem, was bisher gebaut ist, so fehlen dem einen Thurme noch zwei Drittheile, dem

andern noch drei Viertel zur Vollendung; auch der
Laie in der Baukunst sieht, daß die Wiederherstellung
des alten, halbvollendeten Thurms, an dem seit 1437
nicht weiter gebaut worden, mehr Zeit und Geld
als die Errichtung des neuen erfordern wird. Diese
Thürme werden aber nur die äußere Gestalt des Domes abschließen; das Innere zu schmücken bliebe dann
noch immer die Aufgabe eines späteren Geschlechts, wahr-
scheinlich eine unlösbare Aufgabe. Denn jener Glaube,
der die katholischen Kirchen früherer Jahrhunderte
schmückte, ist längst aus dem Sinnen und Denken des
Volks entschwunden. Im Zeitalter der romantischen
Schule, als die berühmten deutschen Maler in Rom ka-
tholisch wurden, um in der Gnade der heiligen Jungfrau
Maria besser malen zu können, was indessen weder Overbeck noch Veit gelungen ist, konnte Ludwig von Bayern
seine Aukirche, seine Ludwigs- und Bonifacius-Kirche
bauen. Noch manches Kirchlein wird der fromme
Eifer der Gläubigen, einzelner reicher Herren und Fa-
milien errichten und zu einem kostbaren Kleinod ausstatten, wie die Apollinariskirche zu Remagen, allein
wie man keine Flotte durch Groschensammlungen schafft,
so erbaut man auch keinen Kölner Dom durch eine
Lotterie, das Loos zu einem Thaler. Dazu wäre jener
katholische Trieb und Sinn des Mittelalters nöthig,
über den das jetzt lebende Geschlecht lächelt. Die armen Bauern, die vor wenigen Wochen bei dem Fest
der heiligen Drei Könige Bänder und Kleiderlappen
an die Reliquien halten ließen, gegen ein Billiges, um
durch diese Amulette vor Krankheiten bewahrt zu bleiben, sind die letzten Ueberreste der alten Zeit. Auch
sie werden nicht ewig „glauben", sondern mündig wer-

den, wie ihre Brüder in Italien. Der Dom zu Köln ist keine Ruine und wird dennoch nie den Tag der Vollendung sehen, an dem sein Aeußeres und Inneres harmonisch zu einander paßten, an dem uns nicht die traurige Kahlheit und Oede seiner Schiffe auffiele, und wir in ihm nicht mehr auf und nieder gingen, wie in einer ungeheueren königlichen Todtenkammer. Ohne eine Ruine zu sein, wird er stets etwas von einer Trümmerstätte haben.

Doch tretet ein: auch hier weht der Odem eines Gottes euch an. Ein Säulengang thut sich auf: ein gewaltiger Raum, in drei Schiffe getheilt, der sich zu dem Chor und dem Hochaltar, der wie in dämmernder Ferne aufleuchtet, hinzieht; vom Eingang bis zum Altar beträgt die Länge des Raumes etwas mehr als 430 Fuß, bis zu 106 Fuß steigen die Säulenbündel und Gewölbbogen des Mittelschiffs in die Höhe. In ihm stehen die Bänke für die Gläubigen, einfach, von dunklem Holz, mit Schnitzwerk verziert. Durch je fünf bunte Glasfenster in den beiden Seitenwänden fällt das Sonnenlicht in den Raum; die in der linken Wand sind alte, die in der rechten schenkte Ludwig von Bayern: wunderbar schöne, strahlende, vollendete Kunstwerke, edel in ihren Gestalten, leuchtend in ihren Farben, sinnreich in ihren Rosetten, wo bald aus dunkleren Farbentönen der Stern der Verheißung hervorschimmert, bald die weiße Taube des heiligen Geistes über den betenden Jüngern erscheint. Von der Größe und Schönheit der Verhältnisse überwältigt, vergißt der Betrachter auf Minuten die Schmucklosigkeit und Oede des Raumes. Ein Himmelanstreben allüberall; wie die edelsten Tannen, schlank und hoch, wachsen

diese Säulen hinauf, darüber wölbt sich der Spitz=
bogen, Alles will sich gleichsam von der Erde in den
Himmel schwingen, man glaubt, die Taube aus der
Fensterrosette müsse in jedem Augenblick ihre Schwin=
gen zum Flug in den Aether entfalten. Die Empfin=
dung des Erhabenen, die uns hier überströmt, vermag
uns kein Griechischer Tempel zu geben. Dies Gefühl,
das sich bei dem Eintritt in den Dom in uns, auch
wie durch eine göttliche Macht hervorgerufen, erhebt,
ist der schönste und reinste Genuß, den er uns gewäh=
ren kann. Im Langschiff umherwandelnd, vor den Fenstern verweilend, halb lächelnd und halb bewunderungs-
voll vor den Schöpfungen der alten Glasmaler, deren
Verzierungen zierlicher und mannigfaltiger als die ihrer
modernen Nachahmer sind, deren Farben aber weitaus
nicht so schön, so glühend wie die unsrigen leuchten,
werden wir von einer inneren Befriedigung, von einer
Ruhe und Weihestimmung erfüllt, wie ich wenigstens
sie nur empfinde, wenn ich Sophokles' „Antigone" oder
Goethe's „Iphigenie" lese. Weiter aber schreite man
nicht vor. Der Chor und die sieben Capellen darum
rissen mich grausam aus allen meinen Harmonieen.
Schon der Hochaltar sieht den Verhältnissen des Rau=
mes gegenüber unbedeutend und kleinlich aus, dazu ist
er eins der geschmacklosesten Werke, halb Renaissance,
halb Rococo. Auf sieben Marmorsäulen ruht eine
Broncekuppel, vor ihr steht der viereckige Altartisch,
zwei sitzende Marmorfiguren vollenden das Ganze. In
den Capellen ist altes Gerümpel aufgehäuft, schreck-
liche Christusbilder, schwarz gewordene Madonnen,
Fußbänke, Leitern, Weihwedel; einzelne schöne Grab=
mäler der Erzbischöfe nehmen sich inmitten dieser

Trödelkammern so traurig aus, wie die Särge der
Pharaonen in den Ruinen von Theben neben den
Hütten und Viehställen der Arabischen Bauern. Das
wunderbare Dombild des Meisters Stephan, das hoch
oben, allem Volke sichtbar, über dem Hochaltar pran=
gen sollte, hängt in einer dieser Kammern, in einer
andern ein schwaches Gemälde Overbeck's: eine Himmel=
fahrt der Maria. Der gold= und edelsteinreiche Schrein
mit den Häuptern der drei Könige, das Grabmal des
Erzbischofs Engelbert, ein Kleinod der Goldschmied=
kunst, von Conrad Duisburg 1633 — 35 gefertigt,
werden hinter eisernen Thüren bewahrt, auf marmor=
nen Altären sollten sie ausgestellt sein. Statt dessen
macht sich ein ungeschlachter St. Christophorus in dem
Kreuzschiff breit, das zwischen Chor und Mittelschiff
von Norden nach Süden durch den Kirchenraum geht
und dem Dom in seiner Grundform das Ansehen eines
Kreuzes giebt. In allen Kirchen findet der Betrachter
solch' Trödelwerk; aber in keiner verletzt es so sehr den
Eindruck des Ganzen, als im Dom zu Köln. Dieser
Bau ist ja nicht alt, wie der Dom zu Mainz, so, wie
wir ihn schauen, ist er ein Werk der modernsten Gothik.
Kein Meister von 1300—1500 hätte ein Portal bauen,
hätte es so überreich, so schön schmücken können, wie
das Südportal des Doms uns entgegentritt.

Noch einmal: im Eintreten weht uns der Hauch
Gottes an; aber die innere Stimme, die mich mahnte,
nicht durch das Gitter des Chors zu schreiten, hatte
Recht. Ein Moderduft, statt Gottes=Odem der der
Vergänglichkeit haucht uns an. Diese Dinge mögen
den Gläubigen lieb und heilig sein, die Harmonie des

Ganzen heben sie auf. Und nun, als hätte ein Dämon seine Lust daran, zu zeigen, wie auch er hienieden seine Macht habe, wie neben allem Schönen das Häßliche seine Stelle behaupte, drängen sich dem Betrachter die Mängel der Ausstattung, das Unfertige und Halbrohe des Ganzen schärfer auf. Ein werdendes Bauwerk ist ein ungefälliger Anblick. Das Ohr vernimmt plötzlich das Hämmern, Bohren, Bauen, Schreien der Arbeiter, der eben noch so stille Raum wiederhallt von dem Lärm des Werkeltags... wir eilen hinaus, um Athem zu schöpfen. Draußen ist der Dom ein Zauberwerk. Mehr als vierundsiebzig Statuen schmücken die Sockel und Consolen des Süd=Portals. In Blumen, in Engel, in Spitzen, in Kreuze verflüchtigt sich Alles, unten ist es Stein, dann scheint es zu Eisen zu werden, oben ist es ein Spitzen=Gewebe. Nicht aus Stein können diese Blumen gefertigt sein: hat der Künstler Wellenschaum gemeißelt? Denn wie im Meer eine Welle über die andere in feinsten Tropfen schlägt, so wächst hier Verzierung über Verzierung. Wo hat das nur ein Ende? fragt man sich. Im Himmel, erwidert das Herz. Innen beherrscht uns das Gefühl der Ehrfurcht, draußen möchten wir laut aufjubeln vor Freude. Das Erhabene, das einem so gewaltigen Bauwerk innewohnt, hat hier, in diesen anmuthigen Formen und durchbrochenen Spitzen, einen Zusatz des künstlerisch Schönen, des Milden und Heiteren erhalten, der uns magisch umstrickt, wie die Töne der Musik. Das Wort Friedrich Schlegel's: die gothische Baukunst sei stein= gewordene Musik — verliert etwas von seiner Ge= schraubtheit und Wunderlichkeit, wenn wir im An= schauen des Kölner Doms versunken sind. All' diese

Blumen, Engel, Propheten, Thurmspitzen, Zinnen rufen: Hosiannah! nicht nur dem Gott des Mittelalters, der zu unserm Glück immer mehr in die Dämmerung des Nichts hinabtaucht, sondern der allewigen, überall, in allem Lebendigen und auch in diesen Steinen waltenden göttlichen Kraft.

Eine märkische Idylle.
1865.

Den Süddeutschen ist die Mark nur als des heiligen römischen Reichs Streusandbüchse bekannt: eine weite, traurige Sandebene mit kleinen Flüßchen, die nicht breiter sind als ein Hutband, mit Kieferhaiden und darin eine große, langweilige Stadt, mit Häusern, die Kasernen gleichen und oft, statt der Menschen, nur von Mäusen und Ratten bewohnt werden. Wie sehr würden sie enttäuscht werden, wenn sie an der Hand eines echten Märkers einmal eine Fahrt durch die vielgescholtene Landschaft machten. Karg bedacht von der Schönheit, ist doch die Mark nicht jedes Reizes bar; nicht überall bleiben die Musen und Grazien hier, wie Göthe sang, im Morast stecken.

Unter den Briefen Rahel's sind einige „aus dem Alexandrinenbad" datirt: das ist eine solche Oase in der Streusandbüchse. Nordöstlich von Berlin liegt ein Städtchen Freienwalde — „frei im Walde", aus jener guten alten Zeit her, als die Freiheit noch wirklich in den Wäldern und auf den Bergen wohnte — mit der Eisenbahn und Post erreicht man es von Berlin aus in fünf Stunden. Seine Quellen sind eisenhaltig, es wird von vielen Berlinern, denen ihre Beschäftigung oder ihr Geldbeutel keine Reise in die Ferne erlauben, zum idyllischen Landaufenthalt in den Sommermonaten benutzt. Welche Heilkraft seine Wasser besitzen, weiß ich nicht, aber die Preise seiner Gastwirthe wetteifern mit denen der österreichischen Bäder. Als ich das lange, schmerzensreiche Blatt, das gewöhnlich den traurigen Abschluß schöner Tage bildet, Rechnung genannt, einem welterfahrenen Freunde zeigte, erinnerte es ihn in einzelnen Posten lebhaft an Ischl, und erfreut über diese Gemeinschaft des Wollens in Nord- und Süddeutschland, über diese Einheit des Vaterlandes, drückten wir uns stumm die Hände.

„Wie schön ist Gottes Erde!" Diese Inschrift begegnet dem Wanderer hier auf Schritt und Tritt. Bald liest er sie auf dem Stein eines halbzerstörten Thurmbogens, der auf einem Hügel eine mittelalterliche Ruine darstellen soll, bald auf einer kunstreich aus Austerschalen aufgebauten Triumphpforte, durch die man zu dem Garten eines wohlhabenden Sonderlings eingeht. Durch dies Wort wird dem Neide und der Kritik, wie man so sagt, der Mund gestopft. An dieser verbrieften Schönheit zu zweifeln, wäre nur ein gottloses Gemüth fähig. Ueberdies ist die Inschrift auf dem Ruinenberge „von obrigkeitswegen" hingesetzt, und ein Tadel dagegen könnte, bei der strengen preußischen Gerechtigkeit, leicht als „Verspottung obrigkeitlicher Anordnungen" ausgelegt und bestraft werden.

Empfinde also die Schönheit der Natur, o Mensch, du „Erbe der Schöpfung"! Sieh von diesem Hügel „die dämmernde Welt erathmen durch Nebelschleier", im Sonnenaufgang, von jenem den Abendsonnen-Untergang. In deiner linken Rocktasche trage Rousseau's

„Heloise", in der rechten die „Elegie in den Ruinen eines Bergschlosses" von Matthisson. Die Politik hat ihre Zeit, das Wettrennen, das Theater und die Natur haben ihre Zeit. Als ich aus dem Postwagen stieg, in dem ich weder ein Abenteuer bestanden noch einen einzigen Menschen als novellistischen Stoff gefunden, fiel mein erster Blick auf das Wirthshaus, mein zweiter auf die Kirche, die wenige Schritte davon entfernt über Linden und Kastanien mit viereckigem Thurm aufragt. Klein ist die Stadt, aufsteigend und sich senkend, der Kietz heißt die eine Vorstadt, Tornow die andere. Auf kleinen Erdhügeln, auf Steindämmen stehen die Häuser des Kietz, einzeln, mit ihren Höfen an die Berglehne sich schmiegend; vorn haben sie einen kleinen Garten, den bei den besseren ein Gitter, bei den schlechteren eine wilde Hecke abschließt. Rosen blühen in den meisten, rothe, weiße, gelbe. Da ich ein geborener Satiriker bin, sah ich natürlich Heine's Rose aus dem Frühlingsliede, welche allen anderen Touristen entgegenlächelt, aus keinem Fenster gucken und aus keiner Thür treten. Ein kleiner Junge schoß Purzelbäume und erhielt drei Pfennige; Künstler müssen belohnt werden. In der Stadt selbst vermischt sich der Hauch der Cultur mit dem Geruch der Kühe. Derselbe Laden birgt Crinoline und Quirle, Feuerwerkskörper und Tintenfässer. Den Häusern aber fehlt es nicht an Stattlichkeit, an hellen Fenstern, messingenen Thürklopfern, den beiden Hauptstraßen an einem breiten Fahrdamm. Auf diesem Damme stehend, betrachtete ich das Gasthaus, „Hotel Scherz" nennt es sich. Jeder Reisende fühlt ohne weitere Bemerkung, daß ich die Hälfte meines Herzens an diesen „Scherz" verlor. Und die andere

Hälfte? Das war es; ein herber Seelenkampf entbrannte in mir. Die eine, die materialistische Neigung, zog mich in das Hotel Scherz, die andere, die idealistische, trieb mich vorwärts nach dem Alexandrinenbade, aus dem Rahel Briefe geschrieben hatte. In den Fliedergebüschen des Gartens konnte — was wäre bei der Seelenwanderung unmöglich? — eine Nachtigall schlagen, die vor Jahren in menschlicher Gestalt Rahel hieß und in der Mauerstraße zu Berlin wohnte. Das Kunstgesetz der Idylle schließt tragische Kämpfe aus, und so erzähle ich nur das Resultat der meinen. Leise regnete es. Ich spannte meinen Regenschirm auf, las noch einmal „Hotel Scherz" und ging zum Alexandrinenbade. Aber ach, diese scheinbar heroische That war nur eine Maske, wir sind „Halbe" allzumal, jeden Mittag und jeden Abend saß ich an dem gastlichen Tisch des Hauses, „bei Scherzens", sagen die Leute.

Die Seele Rahel's ist keine Nachtigall geworden, sondern steckt seit Jahren in „dem Kerker" oder Körper einer Schulvorsteherin. Kluge Männer wollten schon lange in Rahel's Briefen, trotz der mangelhaften Orthographie, einen unverkennbar gouvernantenhaften Zug entdecken; Thatsache ist, daß im Alexandrinenbade sich jetzt eine Mädchenpension befindet, deren Vorsteherin Rahel heißt. Aus drei Häusern besteht das Bad: einem stattlichen, auf einer Anhöhe gelegenen Gebäude, in dessen Räumen Rahel II. waltet, und das von Clavierübungen schauerlich wiederklingt; einem kleineren, das zur Aufnahme von Fremden bestimmt ist, und den zum Baden eingerichteten Räumlichkeiten. Ich zog in das kleine gelbe Haus, und machte gleich in der ersten Nacht eine der interessantesten Bekanntschaften. Nicht mit Menschen, denn Niemand außer mir wohnte in diesen Zimmern. Der Erste an einem Orte zu sein, befriedigte sogar Cäsar's Ehrgeiz, wie viel mehr den meinen. Um das gelbe Haus liegt ein großer, verwildernder Garten. Der Hagedorn duftet und der weiße Jasmin. Hoch und schlank stehen die Pappeln und rauschen. Ein Mühlbach fließt unweit des Hauses vorbei, über Kiesel murmelnd, von Weidengebüsch umstanden. Dichte, verschlungene Stege wechseln mit kreisrunden und viereckigen Rasenplätzen ab. Weiße Statuen sind freilich nicht darauf zu sehen, und keine Springbrunnen blitzen silbern im Mondlicht. Ein eigener Frieden ruht über dem Ganzen, einsam ist's umher, wie in der Verschollenheit lebt es sich hin. Die geringe Pflege, die dem Garten zu Theil wird, mag ihm noch einen besondern romantischen Reiz verleihen. In gleich romantischem Stil war das Gemach eingerichtet. Das Sofa war eine Pritsche, die Tischplatte geborsten, und die rothen Fenstervorhänge waren zu kurz gerathen, hoch aufgeschürzt wie die Nymphen der Diana. „Aber wo bleibt die Bekanntschaft, die Sie machten?" unterbricht mich der Leser. Der Humor pflegt im Zickzack zu gehen und vor beständigen Irrfahrten den Seifenblasen nach niemals zum Ziel zu kommen. Wenn man in dieser Idylle nur Unterhaltung suchte, wie arg würde man da enttäuscht! Sie verfolgt einen höheren Zweck, sie möchte ein Vademecum für alle Badereisenden werden. Niemand aber kann eine längere Badereise ohne einige Bücher unternehmen; so war es denn im Auspacken meiner kleinen Handbibliothek, als der erste Ton meiner neuen Bekanntschaft folgenschwer mein Ohr berührte. Außer der nouvelle Héloïse und

Matthisson empfehlen sich Gulliver's Reisen, Homer's Odyssee und Sterne's Sentimentale Reise Allen, die das Landleben genießen wollen. Dann hat man die reine, unverfälschte Natur zusammen mit der Naturschwärmerei, der Empfindelei, die es mit frivolen Scherzen nicht allzu genau nimmt, und der Satire, welche die schärfste Lauge des Hohns über das Thier, Mensch genannt, ausgießt. In diesem Augenblicke — nämlich als ich den Gulliver auf den Tisch legte — erscholl jener dämonische Laut; er erhob sich um zehn Uhr und endete mit dem Glockenschlage der Mitternacht. Es war das Gebell und Geheul eines Hundes.

Voreilige könnten hier, ohne weiter zu lesen, das Blatt beiseite werfen, aber die Feinfühligen haben gleich erkannt, daß es sich hier nicht um einen gemeinen Hund, und sei es auch der Hund des Aubry, nicht um eine wohldressirte Bestie, sondern um etwas Höheres, um einen Pudel-Mephisto, der um Faust die Flammenkreise zog, oder um den Hund der Hunde, Speihahn, handle, der in Freytag's „verlorener Handschrift" die Pappdeckel des Tacitus findet. Ja, es war Speihahn, das realistische Urbild des vom Dichter verklärten Hundegemüths, der vor meinem Fenster bellte. Klein, zottig, grauschwarz, mit wunderbaren Teufelsaugen lag er am andern Morgen auf dem Sande seines Gehöfts. Ich grüßte zuerst, er erhob sich und wir betrachteten uns schweigend. Des Tags über blieb er still und öffnete nur den Mund, um zu trinken und zu fressen. Die üble Gewohnheit, nach den Fliegen zu schnappen, hatte er nicht. Offenbar bedachte er während seines gedankenvollen Hinbrütens das Thema, das er in den Stunden der Nacht in künstlerischer Vollendung durchführte. Er war ein ingrimmiger, verbissener Hund. Ist es so unwahrscheinlich, daß er die verlorene Handschrift des Tacitus verschlungen hat, und daß nun die Klagen und der Zorn des edlen Römers in der märkischen Einöde als unarticulirtes Hundegebell in der stillen Nacht verhallen müssen? Diese gewaltigen Worte gegen Caligula und Nero, die in das Ohr der Tyrannen gellen sollten, verderbenbringend, wie die eiserne Fliege, die, wie die Juden erzählen, nach der Zerstörung Jerusalem's im Kopfe des Titus summte, sie stören jetzt die Nachtruhe eines Mannes, der die Cäsaren niemals geliebt. Solger hat bekanntlich die romantische Ironie in Berlin erfunden; hier ist ein Beispiel, daß sie sogar schon die Idylle des Landlebens angesteckt hat. Andere mögen den Fall auch allegorisch erklären, und in diesem Speihahn den „grimmigen Hund der Fortschrittspartei" entdecken, der dem kühn vorschreitenden Manne Bismarck nachbellt, aber ihn nicht zu beißen wagt. Oder war es der Windhund, den Dante erwartete? Kaum; Dante's Windhund besiegte die römische Wölfin, in Freienwalde indeß gibt es wohl einen israelitischen Kirchhof, doch keine römisch-katholische Capelle; es hieße die Combinationen zu weit treiben, wollte man einem märkischen Hunde kirchliche Tendenzen unterschieben.

Die vornehmste Straße Freienwalde's ist die Brunnenstraße, hier wohnen die Aristokraten und die Badegäste in kleinen, gartenumhegten Häusern. In dem Thal zwischen zwei Berglehnen zieht sich die Straße hin; rechts der Monte Caprino, links der Galgenberg mit dreizehn einsamen Kiefern. Unsagbar poetisch klingt den Märkern dies monte caprino, es weht sie wie italienische Luft an. Und etwas aus dem

Lande Italia haftet denn auch an diesem Ziegenhügel. Ein italienischer Sprachlehrer, Valentini, wanderte zu Rahel's Zeiten aus Berlin nach Freienwalde ein; von ihm stammen die italienischen Namen in der Umgegend; er faßte zuerst den Gedanken, eine Verschönerungs-Commission für diese Gegend zu stiften. Er selbst hatte es auf den Monte Caprino abgesehen, der seinem gelben, von Akazien beschatteten Häuschen mit den grünen Jalousien gegenüber aufragte. Traurig vernachlässigt liegt jetzt die Stätte seiner Arbeiten; Eichen pflanzte er dort so dicht nebeneinander, als wären es Haselstauden; es sind denn auch keine Eichen daraus geworden. Valentini ist todt, aber seine Anregungen überleben ihn. In dem Munde jedes Straßenjungen lebt der „süße toscanische Laut" monte caprino, und im „Hotel Scherz" erklärt der Wirth: für seine Gäste sei das beste Getränk der Rothwein, für ihn aber acqua fresca. Die Hauptmomente einer Idylle: Ziegen, Berge, frische Quellen, finden sich im Vaterlande Virgil's nicht schöner, als in der Mark.

Doch die Sonne ist im Sinken, duftiger Waldgeruch steigt aus den Thälern, über die Wiese am Mühlteich hin wallt es in Nebeln auf, die bläulich an den Buchen und Tannen hinziehen und hier und dort an den Aesten und Zweigen sich fangen. Von den Kiefern des Galgenberges — rothangeglühten Säulenschäften mit breiten schwarzen Capitälen — schweift das Auge weithin über ein ebenes Land, fruchtbar an Feldern und Wiesen, das Bruch nennen es die Leute. Mühsam ist es dem Oderstrom abgerungen worden, der die Hauptmasse seiner Wasser drüben jenseits der Berge langsam der Ostsee zuwälzt. Eine Fahrstraße, ein Damm mit hundertjährigen Weiden, deren Wipfel zu einem Gewölbdach zusammenwachsen, durchschneidet vielfach sich krümmend das Bruch, von der Stadt bis zu der am andern Arm der Oder gelegenen Ortschaft. Zu den Füßen des Beschauers dehnt sich die stille Stadt aus; von den zwei Kirchen tönen die Glocken: es ist ein Sonnabend und sie läuten den Sonntag ein. Auf der Anhöhe grad gegenüber erhebt sich das fürstliche Schloß mit seinem Garten; es steht leer und verlassen, und die prächtigen Hortensien, die darum blühen, verblühen, von Niemand gesehen, als der Sonne und dem Gärtner.

Höher steigen die Nebel, vielfarbiger flattern die Wolken. Unten im Wiesenthal, wo die Erlen stehen, auf dem Teich zwei Schwäne schwimmen, kleine weiße Brücken über den Bach führen, fangen Erlkönigs Töchter an zu tanzen. Aber die Töchter des Erlkönigs pflegen sich wie die Töchter der Menschen viel mehr um einen Lieutenant als um einen Satiriker zu kümmern. Unangefochten, von keinem Irrlicht verlockt, gehe ich über die Wiese. Im Mondlicht erglänzt der weiße „Brunnen", das Curhaus des Ortes. Nichts von der Pracht und üppigen Verschwendung von Stuck, Vergoldungen, Statuen, wie in Ems und Wiesbaden, Homburg und Baden-Baden. Idyllisch, uranfänglich, aus einem Erdgeschoß mit einem Arcadengange und einem darauf ruhenden zweiten Stockwerk bestehend, bietet das Haus „Obdach" für Viele, Comfort für Niemand. Zu meiner Zeit war es noch wenig bewohnt, unter den hohen Tannen vor dem Hause ließen die Kellner schwermüthig ihre weißen Servietten im Winde wehen, und des Nachmittags spielte mißvergnügt mit mißvergnügten Instrumenten die Badecapelle den Gästen, die nicht da waren, den Einzugsmarsch aus dem „Tannhäuser" und den Seufzer Isoldens. Nur die Vorübergehenden, die durch den Garten des Brunnens in den Wald hineinschritten, die Vögel, Blumen und Tannen vernahmen die Musik der Zukunft. An jenem Abend, wo ich im Mondlicht zuerst das weiße Haus erblickte, störte mich kein Ton, die Vögel schwiegen und die Wipfel. Von der Höhe eines Berges, der hinter dem Curhause aufsteigt, schaut eine kleine gothische Capelle in das Thal, sie ist nicht zum Beten und Predigen, sondern zum Schmuck der Gegend da. Steil ist der Weg zu ihr und mühsam, wie zu allen Gnadenorten. Vor ihr steht eine Holzbank, Liebende sitzen darauf und führen die bekannten Gespräche, die schon Horaz und Lydia geführt; aber es ist anzunehmen, daß auch der römische Dichter nur niederschrieb, was arkadische Hirten und Hirtinnen längst vor ihm gesagt. Während ich von unten die Capelle betrachtete, die wunderlich genug aus dem Dunkel der Bäume hervorschimmerte, grüßte eine Nachtmütze aus einem Fenster des Brunnens. „Kühle Nacht heute!" „Ich habe einen Ueberrock an." „Sehr langweilig hier." „Idyllisch." „In Berlin tanzt jetzt Josephine Gallmeyer den Cancan." „Sie wird ihn nicht ewig tanzen, sondern auch einmal in der Nachtmütze wie Sie schwermüthig den Mond anschauen." „Was haben Sie immer für sonderbare Gedanken!" „Gar keine; zur Idylle gehört die Langeweile und die Nachtmütze." ... Oben klirrte das Fenster zu.

Dicht hinter den Bäumen beginnt die Haide. Untermischt stehen Eichen und Buchen, Tannen und Kiefern.

Ein ganz eigenes Gefühl, einen Sommernachmittag die Kreuz und Quer darin umherzuschweifen. Die Sonnenstrahlen spielen Versteckens, huschen hier hervor, verschwinden dort. Wer kann das besser beschreiben, dies stille Naturleben, als Adalbert Stifter? Seine Worte besitzen einen lieblichen Farbenschimmer. Die goldenen Käfer summen und die blauen Fliegen. Sommerlich warm und waldduftig weht die Luft. Dennoch, ich will es nur gestehen, haben die meisten die Liebe zur Natur mehr auf den Lippen als im Herzen. Die Naturschwärmerei ist eine Narrheit, die schön kleidet; durch die Eisenbahnen ist sie nun vollends eine Modekrankheit geworden. Wiederum muß es Jeder entzückend finden, auf schwellendem Rasen zu ruhen und sich von den Mücken zerstechen zu lassen. Wer länger in einem Badeorte verweilt, lernt diese Entzückungen über die herrlichen Spaziergänge und die „himmlischen" Aussichten bald auswendig. Eine Aussicht giebt es in dieser märkischen Haide nicht, scheinbar unabsehlich dehnt sie sich aus, zuweilen unterbrochen von einer Waldwiese mit rothen und gelben Blumen, einem grünschimmernden regungslosen Teich. Zwei stille Orte enthält der Wald bei meinem Städtchen: einen Kirchhof und eine Schenke. Mitten in der Haide, durch ein Holzgitter von der Fahrstraße abgegrenzt, hebt sich Grabhügel neben Grabhügel, epheuumsponnen diese, mit Blumen, Kreuzen und Gedenktafeln geschmückt jene. Wie wohlig und traumlos muß es sich unter diesen hohen Bäumen, in der schweigenden Waldeinsamkeit ruhen! Kein letztes Geräusch, das aus der lärmvollen Stadt halbverloren herüberklingt, kein Gerassel eilender Wagen, kein Sturm und Pfiff vorbeisausender Locomotiven: hier stört kein Ton die ewig Schlummernden. Eine düstere Schlucht läuft zur rechten Hand des Friedhofs hin; mit mächtigen, weißstämmigen Buchen sind ihre Abhänge bestanden: man wandelt hier auch in heiligen Hallen.

Auf dem Friedhof stand ich, vor der Schenke saß ich gern. Ihr Sinnbild ist eine Tanne. Auf ihrer trefflichen Kegelbahn habe ich oft den König umgeworfen, ihre Schinken kennen keine Trichinen. Im urwüchsigen Zustand befinden sich Tische und Bänke; die gänzliche Abwesenheit alles Dessen, was den einsamen Trinker an die Civilisation schmerzlich erinnern könnte, stimmt das Herz fröhlich. Endlich hat man den Staub der großen Stadt abgeschüttelt, mit mephistophelischem Lächeln denkt man seines Tintenfasses, in dem die Tinte unbenützt verschimmelt, und der Spinnweben, die sich über die Bücher daheim legen. Zu altem Staube neuer Staub! Die Idylle vervollständigt sich, zu den Thieren des Waldes gesellen sich die Leute aus dem Walde: Holzhauer, Förster, reisigsammelnde Mädchen, Wilddiebe. An der Tanne gehen sie alle vorüber und die meisten trinken „einen Schluck". Nicht alle Mädchen sammeln Reisig, einige suchen Erdbeeren und Badegäste. Welche Romane können in der Haide nicht spielen! Zuweilen wird durch eine wandernde Kunstreiterbande, einen Aufzug der Stadtschützen der Platz noch belebter und bunter. Einem der Schützen hängt die Brust voll siebenundsiebenzig Orden, er trägt sie in Ketten als Rockknöpfe, als Stahlpanzer; sein ganzer Oberleib ist ein einziger Orden. Und diese Orden wurden nicht auf Paraden, auf ungefährlichen Gesandtschaften, bei Empfangs-Feierlichkeiten und Jubel-

festen, sondern in Mühe und Noth, im Schweiße des
Angesichts erworben, es sind Denkmünzen von Turner=
vereinen, Wehrgenossenschaften, Schützenbrüderschaften,
die der schöne Leopold in Anerkennung seiner Verdienste
erhalten. Früher war er Tanzmeister, jetzt ist er der
erste „Pyrotechniker" Freienwalde's. Stolzen Ganges
schreitet er hin, erfüllt von seinem hohen, künstlerischen
Berufe. An der Bewegung, die auf seinem Hute die
Hahnenfeder macht, würden ihn die Blinden erkennen.

So rauscht das Leben an dem „idyllischen Menschen"
vorüber. Jedem Großstädter sind idyllische Studien
zur Ausbreitung seiner naturwissenschaftlichen Kennt=
nisse zu empfehlen. Einem Geschlecht, dem die Zeit
Geld ist, widerstrebt es, monatelang auf dem Lande,
im Gebirge, auf der Alm oder in einem Badeort zu=
zubringen, ohne das Nützliche mit dem Angenehmen
zu verbinden. Man muß die Idylle verwerthen. In
diesem Sinne studirte ich das Leben der Hühner, Enten
und Gänse, vertiefte mich in die Geheimnisse des Stoff=
wechsels und versuchte, das Gras wachsen zu hören.
Meinem Fenster gegenüber lag ein Krautgarten mit
Bohnenstangen und Apfelbäumen: wenn Jean Paul
aus dem Fenster des Rollwenzelhauses sah, genoß er
dieselbe Aussicht. Als ich kam, war der Garten grau
und nicht Ein Halm an den Stangen zu entdecken;
als ich schied, schimmerte mir alles goldig grün ent=
gegen. Ja wer nur die richtigen Ohren hätte! Auf
den Feldern lernt der umherirrende moderne Odysseus
Roggen von Hafer, Weizen von Gerste unterscheiden;
er bewundert die feine rosige Blüthe des Buchweizens
und freut sich der Rüben, die er im nächsten Jahre
als Zucker verzehren wird. Von den Pflanzen erhebt

sich sein Blick zu den Thieren, und immer höher aufsteigend, endet er seine Untersuchungen bei dem Räthsel, dem Wunder und Scheusal der Schöpfung, dem Menschen. Es ist möglich, daß er eine Kalypso findet, und wäre sie auch nur die zweite Liebhaberin einer wandernden Schauspielertruppe; gewiß aber, daß er viele Nausikaa's Wäsche waschen sieht. Selbst eine märkische Idylle ist nicht ohne — le supplice d'une femme. Frauen, die nie von dem Sohne Alexander Dumas' gehört und vortreffliche Köchinnen sind, haben „ihre Verhältnisse"; jener ordenstrahlende, tanzkundige Leopold der Schöne, der zuweilen die Guitarre spielt, soll der Adonis mehr als einer märkischen Venus sein. Die Zeit ist für den idyllischen Menschen verschwunden, ihm schlägt keine Stunde, denn die eine gleicht genau der andern. Nur flüchtig nimmt er Theil an den Geschicken seiner Umgebung, er steht in der vornehmen Gelassenheit eines „Badegastes" über den Dingen; er bezahlt sie theuerer, als die anderen Menschen, aber er erkauft damit auch das Recht, sie zu verachten. Offen liegt die Gesellschaft und die Natur vor ihm; er behandelt beide wie ein großer Künstler seinen Stoff. Allein...

Da bricht Speihahn in ein boshaftes, wildes Geheul aus. Was bellt er? Eine Seite aus der Germania des Tacitus. Als die Sittenverderbniß, die schlechte Luft und die Hitze unerträglich in Rom geworden, flüchtete der edle Römer im Geist in eine deutsche Idylle — und ich wette, meine schöne Leserin, auch Ihre Koffer stehen gepackt, zur Fahrt — „an den Busen der Natur!"

Aus Böhmens Königsstadt.
1865.

Die Wechselbeziehungen zwischen Oesterreich und Deutschland, die eigenthümliche Lage und Gestaltung dieses Staatswesens sind das Kreuz der Politiker. Zufällig scheinen diese so verschiedenen Länder und Völker sich hier zusammengefunden zu haben, Stämme, die in ihrem Wesen sich gegenseitig ausschließen, sind unter demselben Herrscherhause der Habsburger vereinigt: verschiedene Metalle, die jetzt, schlecht zusammengelöthet wie sie sind, bei jeder Gelegenheit auseinander zu springen drohen. Die deutsche Sprache, das Deutschthum waren bisher der Kitt dieser wunderlichen Einheit. Der Gedanke eines allgebietenden Kaisers hatte im Mittelalter tiefe Wurzeln selbst in dem Bewußtsein der Völker geschlagen, die wie die Ungarn, Czechen und Italiener diese Weltmonarchie bekämpften. Von dem deutschen Kaiser hatten ungarische und böhmische Herzöge die Belehnung erbeten, italienische Städte sich neue Freibriefe ertheilen und die alten bestätigen lassen. Als die Habsburger, die Erben der römischen Cäsaren, auch faktisch Herren in diesen Ländern wurden, konnten die mächtigeren Männer in Böhmen und Ungarn sich für die verlorene Selbständigkeit wenigstens damit trösten, in den Geschicken Europa's, auf einer größeren Bühne als bisher eine hervorragende Rolle zu spielen. Eine andere Stimmung beherrscht jetzt die Welt, jede, auch die kleinste Nationalität will ihr Recht, ihre Sprache und Selbstherrlichkeit: eine Tendenz ist da, welche den Staat am liebsten wieder in kleine Gemeinwesen zerschlagen möchte.

Ein schlimmes Loos ist in diesem Zersetzungsprozeß Oesterreichs den Czechen zugefallen: ein schlimmes haben sie bei der Bildung des Kaiserreichs erduldet. Der am weitesten nach Westen vorgeschobene slavische Stamm sind die Czechen von Magyaren und Deutschen in den Bergkessel Böhmen festgebannt worden; von Norden, Westen und Süden drang das deutsche Element vor: schlecht geleitet besaß es nicht die Fähigkeit, das Czechenthum vollständig zu überwinden, aber es behauptete sich überall in Gleichberechtigung neben ihm, die deutsche Sprache ist nicht die verbreitetste, aber die herrschende in Böhmen. Wenn das Land in kürzerer oder längerer Frist durch die Anlage neuer Schienenwege dem Weltverkehr mehr geöffnet sein wird, so wird das Uebergewicht deutscher Bildung und deutschen Kapitals sich um so fühlbarer geltend machen. Jeder Kaufmann ist schon jetzt genöthigt, deutsch zu sprechen und deutsch zu schreiben. Die Thatsache mag beklagt werden, aber sie ist unwiderleglich: nur in einem despotischen Oesterreich hat das Czechenthum eine Bedeutung und kann eine Gefahr für die andern Stämme werden. Eine geschichtliche Rolle wird es nie wieder übernehmen. Mit der Schlacht am Weißen Berge, im November 1620, hörte Böhmen auf ein selbständiges Reich zu sein, seitdem hat weder das Land noch das Volk eine Geschichte.

8*

Ein eigener Schatten der Schwermuth liegt für jeden sinnigeren Betrachter auf diesen böhmischen Dingen. Ein kräftiger, begabter, leidenschaftlicher und empfänglicher Volksstamm erliegt nach manchem Aufschwung, manchem Widerstand dem stärkeren, der Naturnothwendigkeit. Auf das Ernste und Düstere richtet sich der Sinn des Czechen, in seiner Geschichte wie in seinen melancholischen Volksliedern offenbart sich dieser Zug. Libussa, die Wlasta des Mägdekriegs sind die weiblichen, Otokar II., der gegen Rudolf von Habsburg erlag, und der blinde Hussitenheld Ziska die männlichen Symbole dieses Volkes: ernste, tragische Gestalten ohne Licht und Freundlichkeit.

Das Felsenthal der Moldau, wenn man sich auf der Eisenbahn von der Nordgrenze her der Stadt Prag nähert, trägt denselben Stempel des Fremden, Eigenartigen und Düsteren. Im engen Bette strömt der Fluß, graugrünlich, die Schluchten der Berge sind schattig, dicht bewaldet, ihre Abhänge und Gipfel aber vollständig kahl, steinig, in gelblicher Färbung, zuweilen tritt ein Fels in grotesken Formen gleichsam aus der Reihe der übrigen hervor. Allmälig, der Stadt zu, erweitert sich der Fluß, als hätte auch er seinerseits diesen Mittelpunkt der böhmischen Erde auszeichnen wollen. Der Instinkt des Volkes, der Scharfblick der Fürsten wählte die günstigste Stelle zum Sitz einer königlichen Stadt. Fast in der Mitte des Landes gelegen, scheinen der Hradschin im Nordosten und der Wyssehrad im Südwesten schicksalsbestimmte Stätten zu sein. Zwischen ihnen, auf den Abhängen der Hügel, in der Ebene an den beiden Ufern des Flusses breitet sich die Stadt aus. Prag oder Prah bedeutet in czechi-

scher Sprache einen Wassersturz, und der Sage nach
soll das erste Haus der Stadt dort aufgerichtet worden
sein, wo der Bruskabach von der Höhe des Felsens sich
einst zur Moldau niederstürzte. Unwillkürlich wird sich
dem Wanderer, der die Spornergasse oder den Bruska-
hohlweg zum Hradschin hinaufgeht, die Aehnlichkeit
dieser engen, steil aufwärts steigenden Gassen mit den
Schluchten, welche im Frühling die Bergbäche und das
Hochwasser reißen, noch heute aufdrängen. Die Ebene,
der Fluß, der Berg: diese drei bestimmen zunächst den
Charakter und das Bild der Stadt. Weithin, mit den
neuen Vorstädten Karolinenthal und Smichow sich
ausdehnend, ein gewaltiges Häusermeer, das nur selten
von Gärten und Baumanlagen unterbrochen wird, liegt
am rechten Moldauufer steinern die Alt- und Neustadt
zu den Füßen des jenseit aufsteigenden Hradschin. Auf
seiner Höhe erheben sich die Burg und der Dom.
Wenn die Nebel am Morgen und am Abend die Stadt
in einen bläulichen, schweren Dunst hüllen, stehen sie
in Reinheit und Klarheit da. Zu ihnen empor wallen
die Nebel nicht, mit Königsblicken schauen sie nieder;
auch in Königseinsamkeit, in der, wie Lord Byron
sagte, des Dichters Leben verflösse. Die Wälle und
Basteien, die früher die Neustadt umgaben, sind jetzt
in Spaziergänge verwandelt; in mannigfachen Windungen ziehen sie sich, wechselnde Ansichten bietend,
von dem Bahnhof nach dem Roßthor hin; gen Osten
über die Judenstadt und die Hetzinsel hinaus ver-
schmelzen Stadt und Feld ohne scharfe Grenzen in einander, hier und dort ragen bewaldete Höhen empor,
einzelne Häuser stehen darauf; das ganze Bild hat
schön geschwungene, gekrümmte, nicht harte, gerade

Linien. Dies Häusergewirr, diese Welt des Handels, der Geschäftigkeit, der Fabriken ist durch den Fluß von der Kleinseite und dem Hradschin, der Stadt der Stille, der Paläste, Kirchen und Klöster geschieden. Durch Wehre geschützt und verbreitert hat die Moldau hier die Breite der Elbe bei Dresden, ihr Wasser ist klarer, grünlicher, einen besondern Reiz verleihen ihr die auf dem Wasserspiegel wie schwimmende Gärten ruhenden Inseln, die Sophien- und Schützeninsel in ihrem oberen, die Hetzinsel in ihrem unteren Lauf. Der Ton und die Formen der Landschaft sind in dieser Stadt in eigenthümlichster und glücklichster Weise mit der architektonischen Gestalt vereinigt. Auf den Brücken, im Anblick des mächtigen Wasserstreifens, der duftiggrünen Inseln mit ihren stattlichen Bäumen, des sanft aufsteigenden, mit Gärten und schimmernden Landhäusern bedeckten Laurentiusberges ruht das Auge gleichsam aus: in der Stille des Abends auf einer dieser Inseln wandelnd, glaubt man sich außerhalb des städtischen Treibens. Ruhig wallt der Strom an das Gestade mit leise plätschernden Wellen, silbern blitzt im Mondlicht das Wehr; langsam entzündet sich in den Häusern, auf den Gassen Licht an Licht, aus der Ferne von der Karlsbrücke schimmern aus dunkelrothem Glase die fünf ewigen Leuchten, die wie ein Sternenkranz am Standbild des heiligen Nepomuck brennen. In gedämpften Tönen dringt die Musik aus einem nahe gelegenen Gasthause herüber, dem Nordländer wunderliche, seltsame Klänge, es ist ungarische Militärmusik, die heimathliche Weisen, Märsche und Tänze spielt. Schlank und edel, mit tausend Spitzen und Thürmchen an den Pfeilern, ragt auf dem Hradschin der Dom in die

Dämmerung des Abends auf, sich scharf und dunkel von dem noch matt leuchtenden Himmel abhebend. Eine Empfindung, wundersam aus Wohlbehagen und sinnender Melancholie gemischt, schleicht sich in unsere Seele.

Zwei Brücken führen über den Fluß: eine moderne Kettenbrücke, 1839—1842 errichtet, und die alte Steinbrücke, die nach ihrem Erbauer Kaiser Karl IV. die Karlsbrücke heißt. Aus Italien, Frankreich und Deutschland hatte der Kaiser Maler und Baumeister nach Böhmen berufen, seinen Königssitz zu schmücken; einer von ihnen, Peter Arler von Gmünd, begann 1357 den Bau dieser Brücke, die aber erst 1503 unter Wladislaw II. vollendet wurde. Der Sage nach bestand hier schon unter den heidnischen Herzogen des Landes, die auf dem Wyssehrad saßen, eine Holzbrücke, die später durch eine steinerne ersetzt ward. Das Hochwasser zerstörte dieselbe, die von Karl IV. aus gewaltigen Werkstücken aufgeführte Brücke dagegen hat der Zeit und den Fluthen getrotzt. Auf siebzehn Pfeilern ruhend überbrückt sie mit sechszehn kühn gewölbten Bogen den Fluß. Nach beiden Seiten beschützen sie mächtige, alterthümliche Brückenthürme, dem Eindruck nach die ältesten, bedeutsam auffallenden, der Phantasie sich lebendig einprägenden Bauwerke der Stadt. Schwer, massenhaft, düster, schwarzgrau steigen sie auf, schon in einer Urkunde Otokar's II. ist der Thurm auf der Kleinseite erwähnt, der auf der Seite der Altstadt ist in schönster Spitzbogenwölbung 1451 aufgebaut. Schwedische Kugeln, die 1648 von der Kleinseite herüberflogen, haben ihn jedes Schmuckwerks beraubt, nur die innere, die der Altstadt zugekehrte Façade zeigt noch durchbrochene Galerien, in dem Giebel über der Wölbung betende Figuren, die Fenster sind noch mit Spitzchen gekrönt. So dunkel und finster starrt der Thurm wie das Geschick Böhmens. Auf seiner Galerie waren die Häupter der protestantischen Edelleute Jahre lang ausgestellt, die nach der Schlacht am Weißen Berge Ferdinand II. enthaupten ließ. Mit Standbildern der Heiligen sind die Brückenpfeiler geschmückt: Darstellungen aus der Rococozeit, verzerrt, übertrieben, wunderlich, doch lebendig bewegt und reich. Die Versuche, die man gemacht hat, einzelne dieser Steinbilder durch moderne Werke zu ersetzen, scheinen mir nicht geglückt. Ohne Zweifel sind diese Skulpturen richtiger, sorgfältiger, naturwahrer und geschmackvoller als die alten, aber ihre Nüchternheit und akademische Steifheit stehen so gar nicht mit dem Charakter der Brücke und der nahen Kirchen in Harmonie, drücken auch nicht in leisester Anspielung jene schwarzgelbe, jesuitische Reaktion aus, deren Werk der seltsame Schmuck dieser Brücke ist, daß man den Wunsch nicht unterdrücken kann: es möchte hier Alles beim Alten bleiben. Von Erz gegossen zieht die Statue des heiligen Johann von Nepomuck die Aufmerksamkeit der Vorübergehenden am meisten auf sich. „Divo Joanni Nepomuceno a. 1383 ex hoc ponte dejecto erexit Mathias de Wunschwitz a. 1683" sagt eine Inschrift. Johann von Nepomuck ist eine Erfindung der Mönche, ein Märtyrer des Beichtgeheimnisses. Auf den Befehl des tollen Königs Wenzel, dem er nicht verrathen wollte, was ihm dessen Gemahlin, die Königin, gebeichtet, ward der Heilige in den Fluß gestürzt; fünf Sterne leuchteten über dem Haupt der Leiche, die langsam die Moldau hinunterschwamm. Deß zum Gedenken brennen die fünf ewigen Lampen an seinem Standbild. Grüßend nehmen die Gläubigen, über die Brücke schreitend, den Hut vor dem Heiligen ab und berühren die Marmortafel mit dem liegenden goldenen Kreuz, welche auf der Brüstung die verhängnißvolle Stelle der Unthat bezeichnet. Welche Gewalt übt doch der Mythos über die leicht bewegliche Volksseele aus! Diese Stelle, von der 1383 der Heilige hinabgestürzt worden sein sollte, stand damals noch gar nicht. Die Legende hat über die Wahrheit gesiegt. Ueberall, auf öffentlichen Plätzen, in den Kirchen, in Gärten von Blumenbeeten umhegt, in den Höfen der Paläste schaut uns das Standbild des Heiligen an, oben im Dom ist sein kostbares, silberreiches Grab ein Gegenstand besonderer Verehrung.

An diesem einen Beispiel kann man die Kraft und nachhaltige Wirkung der jesuitischen Reaktion ermessen, die im Verlauf des 17. Jahrhunderts das Volk des Huß und Ziska zu blinden Anhängern und Verehrern mönchischer Erfindungen machte. Wohlverwahrt in der Bibliothek zeigte uns der Kustos das Gesangbuch der hussitischen Gemeinde; prächtige, fein ausgeführte Miniaturen zieren es, Wiclef, Huß und Luther sind auf einem Blatt dargestellt, auf einem andern Hussens Tod auf dem Scheiterhaufen zu Kostniß. Welche Gegensätze! Die Urenkel jener Hussiten wallfahren zum Bilde des heiligen Nepomuck. Zwei Dinge haben diesen Umschwung angebahnt und durchgeführt: das Schwert mit dem kurzen elfenbeinernen Griff, das auf dem Altstädter Ring die Köpfe der protestantischen Edelleute abschlug — unter andern Gewaffen, neben dem Degen Gustav Adolf's, gegenüber hussitischen Dreschflegeln hängt es im Nationalmuseum, eingravirt trägt es die Namen seiner Opfer — und das Collegium Clementinum. Von dieser Burg der Jesuiten, die allmälig, einer trockenen statistischen Angabe zu Folge, sieben Höfe, zwei Kirchen, zwei Capellen, vier große und zwei kleine Thürme, Hörsäle und Zellen umschloß und ein Vermögen von zwei Millionen Gulden besaß, ist die geistige Umwandlung, Umkehr und, im katholischen Sinne, die Läuterung des böhmischen Volkes ausgegangen. Was das Schwert begonnen, vollendete der Unterricht. Nach der Schlacht am Weißen Berge kamen nicht nur neue Wappen und Namen, wie Schiller sagt, sondern auch ein neuer Glaube auf. Und dieser Glaube, das spanisch-habsburgische, jesuitische Wesen hat in Prag triumphirt. Vieles erinnert in dieser Stadt an das Mittelalter, einige seiner vollendetsten Werke hat der gothische Baustil hier aufzuweisen, aber das Gesammtgepräge Prag's ist ein anderes. Die Architecturformen der Jesuiten und der spanisch-italienischen Aristokratie, wie sie sich unter den Nachahmern Bernini's gestaltet, bis zur ausgebildeten Schnörkellinie des Rococo herrschen vor, in den Jahren von 1626—1750 sind die meisten Kirchen und Paläste gebaut oder doch umgestaltet worden. Prag ist ein kleines Rom auf böhmischer Erde. Tritt man aus der Wölbung des Altstädter Brückenthurms an einem sonnigen Spätnachmittag, so empfängt man von der Umgebung, der Beleuchtung durchaus einen südländischen Eindruck. Kuppelgekrönt, mit einer Vorhalle, zu der breite Steinstufen führen, erhebt sich die eine Kirche des Clementinums vor uns; zur linken Hand die Pfarrkirche des Franziskus Seraphius mit dem Stift des ritterlichen Kreuzherrnordens mit dem rothen Stern. In den

Wandnischen der Façaden, auf den Vorsprüngen der Dächer stehen Heilige mit goldenen Glorien. Blendend erfüllt das Sonnenlicht den ganzen Platz. Die gelbgraue Farbe der Gebäude nimmt einen so dunklen, glänzenden Ton an, wie ihn Bossuet's Architekturbilder aus Spanien haben. Alles ist reich, bedeutsam, das Bewußtsein der Macht und langgewohnten Besitzes spricht sich darin aus. Der Orden Jesu beherrscht nicht nur Böhmen, er herrscht in Italien und Spanien, in Amerika und Asien. Nach den Collegien zu Lissabon und Goa soll das Clementinum das größte Haus der Jesuiten gewesen sein. Hinter der Kreuzherrnkirche dehnt sich am Wasser entlang das Stift aus: in diesem Hause hat Charles Sealsfield, mit deutschem Namen Postel, einige Jahre als Priester gelebt, von hier entschwand er aus den Augen und dem Gedächtniß der Menschen nach Amerika, um ein reicher Mann und ein großer Schriftsteller zu werden.

Sagenumhüllt wie die Gründung Rom's ist die Prag's; aber in welche Vorzeit man sie auch stellen, welche Geschicke die Stadt auch erfahren haben mag, nur in zwei Epochen haben wahrhaft welthistorische Vorgänge auf diesem Raum, innerhalb seiner Mauern gespielt. Die erste Glanzzeit der Stadt beginnt mit der Herrschaft Karl's IV. Ein Mann von großem praktischen Verstande, staatsmännischen Blicks, den Künsten und Arbeiten des Friedens hold, benutzt er seine Stellung als deutscher Kaiser im Grunde nur zur Erhebung seines Erbkönigreichs Böhmen. Schlesien, die Lausitz, die Mark Brandenburg gewinnt er dazu, er gründet in Prag die erste deutsche Universität. Ein Baumeister aus Frankreich, Matthias von Arras, legt den Grundstein zum Dom des heiligen Veit, ein Italiener Theodorich aus Modena malt für ihn in Burgen und Kirchen, Petrarca weilt an seinem Hofe. Auf seinem Römerzuge erwirbt er werthvolle Handschriften für seine Hochschule, den Ansiedelungen zwischen dem Wyssehrad und der Altstadt giebt er als Neustadt städtische Rechte, er selbst entwirft Pläne zu ihren Straßen, Plätzen und Kirchen. Hier gründet sein Apotheker Angelo eine Art botanischen Gartens: Cola di Rienzo, der letzte Tribun der Römer, hat bei diesem Apotheker einige Zeit gewohnt, ehe ihn der Kaiser gefangen nach dem Schlosse Raudnitz an der Elbe bringen ließ. Welche Schatten begegnen uns doch, wenn wir in der Mondnacht durch die stillen, wiederhallenden Gassen Prag's wandeln! Aus deutsch=vlämischem Geschlecht, ein Lützelburger und Enkel Kaiser Heinrich's VII., begünstigt Karl IV. so viel er kann das deutsche Element. Unter ihm gewinnt die Stadt ein gothisches Ansehen, die Spitzbogen, Erker, Strebepfeiler kommen auf, der Handel ist in den Händen der Deutschen und Juden, nicht in der Stadt, auf dem Lande, unter ihren Leibeigenen sitzen mürrisch die czechischen Edelleute. Diese Tage ruhiger Entwickelung enden unter der Regierung des tollköpfigen Wenzel, mit dem Auftreten des Johannes Huß. Das Czechenthum erscheint in ihm in idealer Verklärung, zugleich getragen von einem allgemeinen Gedanken, dem der Kirchenreinigung, der Glaubensfreiheit. Die Deutschen verlassen die Universität, der Kelch wird das Symbol der neuen Lehre und der Czechen. Zwanzig Jahre wüthet ein blutiger Krieg, wild, phantastisch, finster und großartig wie er war, hat ihn Alfred Meißner in seinem Gedicht „Ziska"

in lebensvoller Weise geschildert. Auf dem großen
Ringe der Altstadt, im Anblick der Theynkirche, des
Rathhauses drängen sich diese Erinnerungen dem Be=
trachter vor die Seele. Ringsumher noch alterthüm=
liche Häuser, lange Arkaden — Lauben genannt — mit
Verkaufsgewölben. Damals wohnten Deutsche hier,
in deutscher Sprache ist das älteste Stadtrecht Prag's
abgefaßt, Deutsche bauten die Theynkirche mit ihrem
schönen gothischen Portal, Deutsche saßen im Rath, den
Hussiten feindlich. Bis auf einen alten Thurm mit
einer kunstvollen Uhr ist das Rathhaus erneuert wor=
den, wie das Rathhaus in der Neustadt, vor dem der
Hussitische Aufstand ausbrach. Hüben wie drüben
wurden die Rathsherren nach czechischer Sitte aus den
Fenstern gestürzt. Aber auch fröhlichere Schauspiele
sah dies alte, ehrwürdige Haus. Hier thronte die
junge Herrlichkeit des Ladislaus Posthumus, eine hoff=
nungsreiche Blüthe, die ohne Früchte getragen zu haben,
welkte; hier ward der beste Böhme Georg Podiebrad
zum König gewählt, hier feierte er seine Feste und
Turniere. Er ist es, der die Theynkirche mit den bei=
den in ihrer Art einzig schönen Thürmen geschmückt
hat. Viereckig steigen sie auf; der Dachfirst ist an den
vier Enden mit vier kleinen Thürmchen gekrönt, wäh=
rend aus der Mitte schlank und spitz, schiefergedeckt der
Thurm, von vier Spitzen flankirt, hoch sich erhebt.
Dieser Anblick ist eben so charakteristisch wie gefällig,
er giebt dem an sich schweren und dunklen Gebäude
etwas Leichtes und Phantastisches. In dem Giebel
des Kirchendachs zwischen den Thürmen stellte der Kö=
nig sein Bild und den goldenen Kelch. Kaiser Ferdi=
nand II. entfernte beide und ließ in der Nische eine

Mutter Gottes aufrichten. Dies ist der Platz des Sieges und des Untergangs protestantischer Freiheit in Böhmen. Bewegt stand ich vor der Kanzel der Theyn=kirche. Gallus Szahera hat von ihr aus zuerst Luther's Lehre gepredigt. Und vor ihm die Kelchner, Johann von Rokyzan an ihrer Spitze; der Vorläufer Hussens, Johann Milicz. Wer die Freiheit liebt, wallfahrtet in Prag nach der Theynkirche, hier war ihre geistige Burg, und schreitet mit gesenktem Blick über den Alt=städter Ring. Kostbares Blut hat dieser Boden ge=trunken: das der sieben und zwanzig protestantischen Männer am 21. Juni 1621. Vor dieser Erinnerung erblaßt die andere, daß Wallenstein hier eilf seiner Kriegsobersten enthaupten ließ, die nach seiner Meinung den Verlust der Lützener Schlacht verschuldet. Eine Mariensäule ist auf dem Platz errichtet, aber sie ver=mag die trotzigen Schatten der Hussiten, die bleichen der Märtyrer nicht zu verdrängen. Unsichtbar wird stets über der Theynkirche ein goldener Kelch schweben, nicht mehr ein Symbol der Czechen, sondern ein Zei=chen zur Verbrüderung der Menschen.

Prag's erste weltgeschichtliche Periode schließt mit dem Ausgang der Hussitenkriege. Aus den Rathsver=sammlungen der Alt= und Neustadt sind die Deutschen verschwunden, Czechen sitzen auf ihren Sesseln. Durch Erbverträge und Heirathen fällt Böhmen an das Haus Habsburg, Ferdinand I., der Bruder Karl's V., wird sein König. Der alte Spruch auf das wunderbare Glück Oesterreichs:

„Bella gerant alii, tu felix Austria nube"
geht wieder in Erfüllung. In den Kämpfen der Re=formation stehen die Böhmen nicht an hervorragender

Stelle. Unaufhaltsam bricht sich die neue Lehre indessen Bahn, unter den Bürgern und den Edelleuten zählt sie die meisten Anhänger, weniger im Landvolk. Selbst die Berufung der Jesuiten nach Prag vermag den Fortgang des Lutherthums nicht zu hemmen. Aber erst gegen das Ende des 16. Jahrhunderts gewinnt Prag seine frühere Bedeutung. Auf dem Hradschin, in der königlichen Burg hält Rudolf II. seine prächtige, seltsame Hofhaltung, mit Astronomen und Astrologen, Goldmachern und Geisterbeschwörern. In beständiger Furcht, von dem Dolch eines Mörders getroffen zu werden, lebt er mehr in seinen Pferdeställen als in seinen Sälen, in den Gärten legt er bedeckte Gänge an, er liebt es, des Nachts in ihnen zu wandeln und mit Tycho de Brahe die Sterne zu betrachten: ein melancholischer, wunderlicher Herr, mit einem Span des Wahnsinns, in spanischer Etikette halb erstarrt, in jenem eigenthümlichen, aus spanischem Stolz, katholischem Aberglauben und Fanatismus, aus habsburgischer Langsamkeit gemischten schwarzgelben Wesen, das zuerst Maria Theresia und Joseph II. durchbrochen haben. Rudolf II. ist der letzte König Böhmens, der dauernd auf dem Hradschin gewohnt; darum bewahrt ihm das Volk trotz seiner Schwächen ein Andenken voll Liebe und Verehrung, es spricht von seiner Zeit wie von einer goldenen. Einen nicht geringen Einfluß auf diese Meinung haben die Sagen, das Mystische und Dunkele geübt, die um die Gestalt des zweiten Rudolf schweben. Ueber ihn waltet ein tragisches Verhängniß: seine Astrologen verwirren ihm den Sinn, sein ehrgeiziger Bruder Matthias zwingt ihn zur Abdankung. Der Hradschin, der Hirschgraben dahinter, wo der Kaiser mit eigener

Hand seine Rehe und Hirsche fütterte, wo er sich Löwen und Leoparden hielt, sind der Schauplatz dieses unglücklichen Lebens. Mit Rudolf II. hebt die zweite, aristokratische und jesuitische Epoche Prag's an. Im Jahre 1618 sucht der Protestantismus, Böhmen von der allgemeinen Kirche und dem Kaiserhause loszureißen. Aus den Fenstern der alten Landtagsstube, die, durch alterthümliche Bauart auffallend, scharf in dem Fenstergewirr der Burg vorspringend, dem Betrachter schon in der Ferne sichtbar sind, werden die kaiserlichen Räthe Martinitz und Slawata von den Ständeherren geworfen: der dreißigjährige Krieg beginnt. Einen kurzen Sommer feiern Friedrich V. von der Pfalz, der von den Ständen erwählte König, und seine stolze prachtliebende Gemahlin Elisabeth Stuart, sorglos und unbekümmert um die herandrohende Kriegswolke, ihre Feste auf dem Hradschin und weiden sich an dem Glanz einer neuen Krone. Das heitere, edelschöne Schloß von Heidelberg, das so ganz einer herrlichen Märchenschöpfung gleicht, tritt in eine unmittelbare Beziehung zu den finstern, ernsten Gebäuden der böhmischen Königsburg. Aber diese Sommertage währen nicht lange, die Schlacht am Weißen Berge beendet das Glück des Schneekönigs — das schwarzgelbe Banner triumphirt.

Die Kleinseite Prag's ist auf dem schmalen Raum gebaut, der zwischen dem Fluß und dem Hradschin sich ausbreitet, in ihrem oberen Theil steigt sie die Abhänge des Berges hinan. Wenige Schritte über den Brückenthurm hinaus endet das geschäftige Leben, das uns in der Altstadt umrauscht. Eine gewisse Stille, der aber die Erhabenheit der wahren Einsamkeit fehlt, umgiebt uns. Läden und Häuser schauen ärmlicher, verfallener aus, als drüben. Die vielen Paläste mit hohen Fenstern, mit skulpturengeschmückten und mit Wappenschildern gezierten Portalen erdrücken gleichsam die kleinen Bürgerhäuser in ihrer Nähe. Die Nostiz's und Buquoy's, die Lobkowitz's und die Thun's, die Malteserprioren, die Windischgrätz's und die Waldstein's wohnten hier. Ringsumher — diesen Eindruck empfängt man — siedelte sich ihre Dienerschaft an, arme Handwerker, eine Schaar von Klienten gesellten sich zu ihnen und bevölkerten den Raum zwischen den gewaltigen Palästen. Jetzt haben sich die Verhältnisse geändert, das Bürgerthum ist wohlhabender und selbständiger geworden; wie die Wappenschilder der alten Geschlechter, die einst vergoldeten, erblichen sind, so ist auch ihr Reichthum und ihre Macht im Sinken begriffen. Aber das ändert den Ausdruck des Stadttheils nicht: die spanisch-italienischen Architekturen bestimmen ihn. Der Prager nennt die Kleinseite den Sitz des Philisterthums, wer schaffen und vorwärts will, zieht über die Brücken. Kleine verkommene Gärten hinter und neben den Häusern, abgelegene, stille Plätze, menschenleere Gassen verleihen dem Ganzen dazu etwas Dämmerndes, Abenteuerliches, als wäre hier der geeignetste Ort für „Liebes Leid und Lust", aber auch für die dunkleren Thaten und die Schauer der Romantik. So verschwiegen schauen uns die weiten, öden, schwarzgrauen Adelshäuser an. Die Thür ist offen, Hof, Gänge und Treppen leer: auf dem Neptun oder der Najade des Brunnens ruht der Morgensonnenschein. Meist sind die Fenster verhängt; auf die Frage nach der Herrschaft antwortet einsilbig der Hausmann oder eine alte Dienerin: „Verreist". Möglich, daß im Winter sich Alles belebt, die

Stille dem Jubel der Feste weichen muß, allein das Gefühl läßt sich nicht abweisen, daß diese Paläste nur noch die ungeheuern Todtenkammern der Aristokratie seien. Sie sind zu groß, zu ungeheuerlich für die Bedürfnisse und die Vermögensverhältnisse des jetzigen Adels. Das 17. Jahrhundert, das goldene Zeitalter der europäischen Aristokratie, ist eben dahin; wie bedrückt und unbehaglich muß sich ein Nachkomme Waldstein's in dem verfallenden Palast des mächtigen Feldherrn fühlen, den er weder mit seinen Dienern ausfüllen, noch mit seinem Vermögen wiederherstellen kann!

Auf kürzestem aber steilem Wege gelangt man an der prunkvoll überladenen Jesuitenkirche von St. Nicolas, wo noch zuweilen an Winterabenden, in dem hellerleuchteten Raum, der so bunt und phantastisch wie ein Opernhaussaal geschmückt ist, die böhmische, schwarzgelbe Aristokratie den Worten der jesuitischen Missionsprediger lauscht, durch die Spornergasse auf den Hradschiner Platz. Eine wunderbare Empfindung überkommt uns. Neben und hinter uns Paläste, zu unsern Füßen die Stadt, der glänzende Fluß mit seinen Brücken, rechts in sanfter Steigung der Laurentiusberg mit Terrassen, Gärten, Landhäusern, mit Blumenbeeten und Fruchtbäumen, gekrönt von der Prämonstratenser Abtei Strahow und dem Kirchlein des heiligen Laurentius. Umher dieselbe Einsamkeit und Verlassenheit, derselbe Stolz und dieselbe Hoheit wie auf dem römischen Kapitol. Dort mögen noch mächtigere Erinnerungen die Seele des Wanderers umdrängen und überwältigen, die aufsteigenden Schatten noch gigantischer dahinschreiten, dafür ist hier uns alles näher gerückt, greifbarer; was sind uns im Grunde Cäsar und Augustus? Aber auf diesem Boden spielte die schauerliche Tragödie des dreißigjährigen Krieges, von hier aus schritt die Kriegsfurie durch alle Gegenden des Vaterlandes. Nun liegt er still und öde, der Platz, über den Wallenstein's Soldaten zogen, nicht mehr reitet im fröhlichen Festzuge von Trompetenklängen begrüßt Elisabeth Stuart durch das schöne, mit Herkulesstatuen, in der wirkungsreichen, malerischen Weise Bernini's, geschmückte Portal Scamozzi's in den Burghof. Ueber diese Steine schlich mit gebrochenen Gliedern Martiniz nach seinem dort drüben gelegenen Hause, hier mag, wie oft! der melancholische Rudolf gestanden haben. Nach Osten, ein wunderliches Häusergewirr, mit Hütten der Armuth, mit dem Staub und den Schmutz von Jahrhunderten in schauerlichen Gassen, unter denen das Goldmachergäßchen — so genannt von den Goldmachern Rudolf's II., die hier wohnten, jeder in einem besonderen kleinen Hause — durch seine windschiefen Dächer, seine tiefen Fensterhöhlungen und eingesunkenen Thüren schauerlich auffällt, dehnt sich die kaiserliche Burg aus, ihre jetzige unkünstlerische, schmucklose Gestalt hat sie durch die Kaiserin Maria Theresia erhalten, die alle einzeln stehenden Gebäude nothdürftig zu einem Ganzen vereinigte. Der älteste Theil im gothischen Stil ist der Saal des Wladislaw, der 1502 erbaut wurde, daran schließen sich die Räume, in denen die Landtage gehalten wurden; einen andern Theil hat Ferdinand I. gebaut, die sogenannten deutschen und spanischen Säle; am Portal des Scamozzi verkündigt eine Inschrift, daß Kaiser Matthias 1615 den Bau vollendet. Mehrere Höfe umschließt die Burg; in dem einen steht eine mittel-

alterliche Reiterstatue, ein eherner St. Georg, der den
Drachen niederstößt. In die Verlassenheit dieser Höfe,
deren Stille nur der eintönige Schritt der Schildwachen
unterbricht, schaut auch wie das Auge des Himmels
der gothische Dom zu St. Veit hinein. Unvollendet,
wie die meisten gothischen Kirchen, harrt er jetzt, von
Gerüsten umgeben, des Ausbau's. Eine glaubenslose
Zeit soll aus künstlerischem Interesse vollenden, was
eine glaubenseifrige Zeit wohl beginnen, aber nicht aus-
führen konnte. Mathias von Arras und Peter Arler
leiteten unter Karl IV. den Bau. In kleineren Verhältnissen erinnert die Kirche an den Kölner Dom.
In tausend Spitzchen und Thürmchen, in Kreuzen,
Rosen und Kronen belebt und verflüchtigt sich gleichsam der Stein, Alles strebt und gipfelt nach oben.
Nur vierzig Jahre ward an dem Dome gearbeitet, der
Chor mit den Seitenschiffen und zwölf Kapellen ist
allein vollendet. Der Thurm wurde später errichtet
und erhielt seine unpassende und geschmacklose Bedachung
nach einem großen Brande im Jahre 1541. Als im
Beginn des siebenjährigen Krieges Friedrich II. vor
Prag lag, haben die Gebäude des Hradschin viel von
den preußischen Kugeln gelitten. Nach Nordosten und
im Westen gegen den weißen Berg hin war die Stadt
am stärksten befestigt; Friedrich V. muß der feigste und
unentschlossenste der Männer gewesen sein, daß er selbst
nach der verlorenen Schlacht diesen Platz nicht einen
Tag zu behaupten wagte.

Im Dom wandelt man unter Gräbern. Zwei
Engel von Silber halten den Sarkophag, der die Reste
des heiligen Nepomuck umschließt. Die Wenzelskapelle,
mit böhmischen Edelsteinen ausgelegt, birgt den Leich=

nam des ersten christlichen Herzogs in Böhmen, an der Wand hängen sein Helm, sein Drahtpanzer, den Thürgriff hielt er, als ihn sein Bruder erschlug. Rudolf II. hat aus weißem Marmor den Königen ein Grabmal errichtet, die vor ihm Böhmen beherrscht; friedlich ruhen die Gebeine des Ketzers Georg Podiebrad neben den katholischen Habsburgern Ferdinand I., Maximilian II.; der Erbauer des Grabmals beschließt die Reihe dieser Todten. Zwei Jahrhunderte etwa nach ihm ist eine Erzherzogin Maria Amalia hier noch beigesetzt worden. Otokar's II. Grab befindet sich in der Dorotheenkapelle hinter dem Hochaltar. Jenes „Schweißtuch Christi" — ein vortrefflich erhaltenes byzantinisches Bild des dornengekrönten Heilandes, oder doch, was die Kunstkritik behauptet, die vorzügliche Kopie eines solchen — brachte Karl IV. von seinen italienischen Reisen heim nach Prag, dieser metallene Leuchterfuß ist böhmische Siegesbeute, aus Mailand hergeführt, als Friedrich der Rothbart es eroberte und böhmische Männer als Vasallen des deutschen Reichs im Heerzuge des Kaisers dienten. Verblichen sind an der Wand die Fresken, welche die Flucht des Winterkönigs vom Hradschin darstellten, verblichen an der südlichen Außenwand die Auferstehung der Todten. Das Museenartige der großen katholischen Kirchen fiel mir in diesem Dom noch lebendiger auf als in dem zu Köln. Aus den Pfeilern scheinen die steinernen und ehernen Bilder derer, die unter dem Boden ruhen, hervorzuspringen, das ist ein Graf Schlick, dort ein Lobkowitz, hier ist das Grab des Martinitz. Wunderlich nimmt sich eine preußische Kugel aus, die während der Belagerung in das Kirchenschiff schlug. Und Gold, Silber, Edelsteine in einer

Verschwendung, die uns in ein arabisches Märchen versetzt und zugleich den sehr unheiligen Gedanken hervorruft, man möchte mit diesen Schätzen den Dom weiter bauen und aus dem engen, dumpfigen Gassengewirr der Altstadt breite, luftige Straßenfluchten schaffen. Trotz der Todten ist es unruhig im Dom, Arbeiter sind in ihm beschäftigt, mit neugierigen Fremden eilen die Kirchendiener von einer Merkwürdigkeit zur andern; inzwischen liest ein Priester im Ornat in einer Seitenkapelle die Messe und der Chorknabe läutet das Glöckchen.

Feierlicher und erhabener ist es draußen in den öden Burghöfen, auf dem Hradschiner Platz. Die Nordseite nimmt an die Burg sich anschließend der erzbischöfliche Palast im Rococostil ein, in der äußeren Form kunstreicher, malerischer mit seinen Statuen und Balkonen, reichgezierten Pfeilern und Fenstern als die Wohnung des Kaisers; das Haus der Sternbergs steht daneben, dessen Säle jetzt eine Gemäldegalerie enthalten. Burgartig mit einem Thurm, durch eine Mauer gegen die Straße abgesperrt, alterthümlich grau erhebt sich gegenüber der Palast Schwarzenberg. Ursprünglich gehörte er den mächtigen Rosenbergen, die noch ein anderes Haus östlich von der Burg gelegen besaßen, das Maria Theresia in ein Damenstift verwandelt. Vom erzbischöflichen Palast zieht sich gen Abend eine Häuserflucht hin, welche der boshafte Witz der Prager die „Gimpelstraße" nennt: die Domherren wohnen dort. In einem unscheinbaren Hause sitzen die schwarz verschleierten Karmeliterinnen, die der Regel nach sich nie entschleiern dürfen. Ihre Kirche birgt die schwarze, mit weißen Rosen bekränzte, von einem weißen Mantel umwallte Mumie der heiligen Electa, deren Leib wohlriechendes, heilbringendes Oel ausschwitzt. Und weiterhin aus Blumengebüschen ragt ein Standbild des heiligen Nepomuck auf, dahinter wieder ein Palast, das toskanische Haus, und noch eine Kirche, die Lorettokirche, ein Kapuzinerkloster, eine Kaserne, die stattlichste in Deutschland, denn sie war das Majoratshaus der Familie Czernin, und das Ganze krönend der Garten, das Stift und die Kirche der Prämonstratenser zu Strahow. Eine Welt für sich, Kirche, Kaiser und Adel, auf einer Höhe vereint, wie eine gewaltige Wolke über der Stadt ruhend, schimmernd und strahlend für die Gläubigen und Unterwürfigen, drohend den Trotzigen. Ein ernstes Schweigen umhüllt sie; hier und dort steht ein Diener vor der Thür, zuweilen geht im weißwollenen, langen Gewande, mit schwarzem Pariser Filzhut auf dem Kopf ein geistlicher Herr nach Strahow hinauf, zuweilen fährt aus dem Fräuleinsstift ein Wagen zur Stadt. Sonst regt sich nichts, die Sonne brütet auf den Steinen, Gras wuchert in den Höfen. Dem Hradschin fehlt eins und Alles: ein König. Könnt ihr ihm diesen nicht geben, so laßt die Gebäude verfallen, zu großartigen Ruinen werden, laßt den Epheu sie umspinnen und schreibt darunter: das war eine Welt! Gewaltsam wird das Auge und der Sinn des Betrachters auf diesen Stätten fortwährend in die Vergangenheit gelenkt. Die Gegenwart hat hier keine Bedeutung, das Leben erscheint wie erstarrt. Ist es da nicht ein eigener Zufall, daß die berühmteste Kartenschlägerin Prag's auf dem Hradschin wohnt? Unweit ihres Hauses dehnt sich in Oede und Einsamkeit der Loretto-Platz aus, der seinen Namen von der Kirche zum heiligen Hause von Loretto trägt. Ein Fürst Lobkowitz erbaute sie im 17. Jahrhundert. Hinter der Pforte verwildert ein Garten, von einem Kreuzgang umgeben, an dessen Wänden Bildnisse von Heiligen immer mehr erblassen. In der Mitte zwischen Gebüsch und Blumen erhebt sich in Sandstein eine treffliche Nachahmung des Hauses von Loretto, mit all' seinen zierlichen Reliefs: aber alles verkommen, verfallen, trotz des reichen Schatzes, den eine der umliegenden Kapellen birgt. Es will eben Abend werden für den römischen Katholicismus, überall auf Erden.

Kein einzelnes Gebäude des Hradschin kann sich in Schönheit und Vollendung des Baues, an poetischem Eindruck mit dem Schlosse von Heidelberg vergleichen. Was dort in all' seiner Verfallenheit uns heiter und lebensfroh anschaut, unsere Seele wie mit einer unsichtbaren Musik erfüllt, uns in Märchenträume wiegt, fehlt auf dem böhmischen Berge. Die Bauwerke sind größer, aber unharmonischer, ihre Pracht ist schwerfälliger, düsterer, keine heiteren Menschen haben hier oben gewohnt und gewaltet. Ihre Gedanken richteten sich auf die Beherrschung der Erde, auf die Eroberung des Himmels, sei es durch den Glauben, sei es durch die astronomische Wissenschaft. Im Heidelberger Schloßhofe irrt kein Gedanke in das überirdische Reich hinüber, zu sonnig lacht uns das diesseitige Leben an. Unwillkürlich ladet dagegen der Hradschiner Platz, mit dem weiten Umblick, den er gestattet, zur Betrachtung der Gestirne ein, unwillkürlich erstirbt hier der Lärm der Alltäglichkeit. Seine strenge Großartigkeit und Einsamkeit wirkt auf Jeden, stärker oder schwächer je nach der Empfänglichkeit seines Gemüths. „Ernst ist der Anblick der Nothwendigkeit" — nicht der Nothwendigkeit in einem besonderen Falle nur, sondern vor Allem jener Herrscherin der Götter und Menschen, die sich tragisch in der Weltgeschichte offenbart: ihr Flügelschlag umrauscht den Hradschin. Wenn die Glocken der Teynkirche sprechen könnten, so riefen sie „Freiheit!" jeder Stein des Hradschin predigt das Cäsarenthum, geistige und staatliche Knechtschaft. Gewiß, dies ist die Burg und der Sitz eines Kaisers — aber wo ist dieser Kaiser? Und so beginnt ein Böhme die Schilderung des Hradschin mit den schwermüthigen Worten: „er erinnert an die großen aber nun öden Städte Mittel-Italiens, die wie Pisa, Siena, Ferrara glanzvollere Tage gesehen, aber jetzt auch begraste Plätze und menschenarme Straßen aufweisen". Mit ihren Schleiern zog die Abenddämmerung herauf, in Nebel hüllte sich Stadt und Fluß zu meinen Füßen, es verschwommen Formen und Linien in einander, golden blitzten noch die Speere und Scepter in den Händen der Figuren auf dem Portal Scamozzi's, über der Laurentiuskapelle, die weiß aus dem tiefen Grün der Baumpartieen hervorsieht, hatte der Himmel eine rosige Färbung: in dieser Stimmung und Beleuchtung war der Hradschin von phantastischer Schönheit.

Hinter der kaiserlichen Burg ist der Hügel des Hradschin mit Gärten bedeckt, weiterhin liegen Schanzen, Artillerieschuppen, sanft senkt sich die Anhöhe zu dem „Baumgarten", einem beliebten Vergnügungsorte der Prager, hinab. Gen Westen erhebt sich der für das Schicksal Böhmens verhängnißvolle weiße Berg: an seinem Fuße verlor Böhmen seine Krone und seinen Glauben, von ihm aus beschossen die Preußen 1757 die Stadt. Nur durch einzelne Baulichkeiten und Springbrunnen erinnern diese Gärten an ihre ursprüngliche Anlage. Ferdinand I. hat viel für sie gethan; in seinem Garten blühten die ersten aus dem Morgenlande gebrachten Tulpen, er hielt sich einen Löwenzwinger, Schiller's Ballade vom Handschuh des Fräuleins Kunigunde soll auch hier gespielt haben. Durch die Anlagen wandelnd sieht man an der Nordseite der Burg die schwarzen Gefängnißthürme aufragen, die Daliborka und die Mihulka, den schwarzen und den weißen Thurm. Aus mächtigen Steinen zusammengefügt, mittelalterlich fest und finster, dienten sie zugleich zur Vertheidigung und zum Verließ der politischen Verbrecher. Im schwarzen Thurm saß so einst ein Ritter Dalibor, der Verschwörung gegen den König angeklagt. Die Einsamkeit quälte den Unglücklichen; der Kerkermeister gab seinen rührenden Bitten nach und schenkte ihm eine Geige. Denn Dalibor war ein Freund und Meister in dieser Kunst. Am Abend, bis in die Nacht hinein, spielte er nun seine wunderbar ergreifenden, schmerzlichen Weisen und das Volk aus der Stadt strömte herbei, sie zu hören, und seufzte und weinte über das Elend des Gefangenen. Eines Abends aber waren die Klänge verstummt: Dalibor war enthauptet worden. Von ihm heißt der Thurm die Daliborka. Bis in die ersten Jahre der Maria Theresia haben die beiden Thürme innerhalb ihrer Mauern Gefangene und Richtstätten gesehen.

Ist es nicht eigen, daß wir diese traurigen Verließe von dem edelsten Bauwerk überschauen, das der Hradschin trägt? Der Hirschgraben trennt hier die Burg von den Gärten und aus diesen Anlagen steigt, wie durch Geisterhand aus römischen oder florentinischen Gärten hergezaubert, ein Lusthaus im herrlichen Stil der Renaissance auf. Ferrabosco und Da Stella haben es für die Gemahlin Ferdinand's I. gebaut. Ein Arkadengang umgiebt das Erdgeschoß, auf schlanken, feingearbeiteten Säulen spannen sich Rundbogen, darüber, von einer zierlichen Steinbalustrade umfaßt, erhebt sich eine Galerie, die rings um das obere Stockwerk läuft und nach allen Seiten hin einen weiten freien Ausblick bietet. Klassisch und edel sind alle Verhältnisse, die Verzierungen sinnig und geschmackvoll. Bei dem Arabeskenschmuck der Balustrade hat den Künstlern die Kette und der Orden des goldenen Vließes zum Muster gedient. Im Anblick dieses sonnigheitern Baues vergißt man, auf welchem Boden man steht. Das Haus ist vernachläßigt, unter der Regierung Kaiser Joseph's II. wurde es zum Getreidespeicher benutzt, jetzt läßt es der böhmische Kunstverein mit Fresken schmücken. Aber die Spuren des Verfalls sind noch nicht getilgt. Vor dem Lusthause rauscht das Wasser eines alterthümlichen bronzenen Springbrunnens, durch die Luft werden aus der tieferliegenden Stadt Klänge von Trompeten und Hörnern hinaufgetragen, rufen sie zur Jagd oder zum festlichen Gelage?

Einen gleich unerwarteten, durchaus italienischen Eindruck, wie dies Belvedere, macht die große Gartenhalle in Waldstein's Palast. Durch den Volksgarten gelangen wir vom Hradschin hinab durch einige Gassen auf den Waldstein'schen Platz. Er bildet ein unregelmäßiges Viereck, dessen Südseite der langgestreckte, nicht eben hohe Palast einnimmt. Von den drei Portalen ist jetzt nur das östlichste geöffnet. Draußen und drinnen herrscht dieselbe Stille und Oede. Zwanzig Bürgerhäuser ließ der mächtige und reiche Feldherr einreißen, um Raum für sich zu gewinnen, Raum und Stille. Ihm, dem an wildesten Schlachtlärm gewöhnten, war nichts verhaßter, als Geschrei und Sporengeklirr; den Hahn konnte er nicht krähen hören. Ueberall auf den Treppen, in den Korridoren lagen Teppiche; zuweilen, wenn seine Nerven angegriffen waren und die Gicht ihn peinigte, mußten die Offiziere, die ihm ihre Meldungen brachten, Filzschuhe über die Stiefel ziehen. Und nun tretet in diese Halle! Frei, hochgewölbt, nach dem Garten offen, scheint sie ein Aufenthaltsort Ariosto's und Rafael's, Tasso's und seiner Prinzessinnen zu sein. Hier hätte die Gesellschaft des Decamerone sich zusammenfinden können. Auf sechs Säulen, von denen je zwei zusammenstehen, ruhen drei Rundbogen, ein steinernes Gelände schließt die Seitenöffnungen, ein eisernes Gitter die mittlere. Ueber sechs Stufen schreitet man in den schattigen Garten hinab. Leuchtend in der Sonne steigt der Strahl des Springbrunnens mit gefälligem Rauschen empor. Unweit der Halle steht ein jetzt verlassenes und ödes Vogelhaus. Eine hohe Mauer in wunderlicher Tropfstein-Nachahmung schließt den Garten auf der rechten Seite ein. Der Friedländer liebte die Naturwissenschaften, er beobachtete nicht nur die Gestirne, er wohnte auch den Secirungen von Thieren bei. Besaß er aber auch ein künstlerisch gebildetes Auge, ging durch sein Herz ein Wohlgefühl, eine Ahnung der Schönheit, wenn er diesen herrlichen Bau, diese helle, sonnenglänzende Halle betrachtete? Fast möchte ich es glauben trotz seines schwarzgelben, finstern, milz- und gallsüchtigen Gesichts. In seiner Hauskapelle, wo noch der Teppich liegt, auf dem er gekniet, und die mit roth= und weißgestreiftem Damast überzogenen Betstühle zu sehen sind, darin er gesessen, hängt ein vortreffliches, italienisches Gemälde, Gottvater darstellend: Anibale Carracci könnte es gemalt haben; Waldstein hat es aus Italien heimgebracht. Mitten in der Verwüstung und in den Gräueln des dreißigjährigen Krieges tauchen da, wie eine weltvergessene, verzauberte Insel dieser Garten, diese Halle auf! Phantastisch war sie mit Bildern der Scenen und Helden des trojanischen Krieges geschmückt; die Farben sind verblaßt, aber der bunte Schimmer, der wundersame Eindruck ist geblieben. Marmorplatten bedeckten damals den Boden: die Maradas' und Piccolomini's, die Terzky's, Butler's, Ilow's, die kaiserlichen Räthe, Jesuiten und Astrologen sind darüber geschritten. Ob hier jemals Musik ertönt? Alles ist heiter, reich, edel und gefällig; nicht Kriegshauptleute und Pfaffen, scherzende Damen und Kavaliere, ein Dichter, der seine Verse vorträgt, ein Musiker, der ein Liebeslied spielt, schweben an uns vorüber... Und hier weilte er, der Brandträger des großen Krieges, ein grämlicher, ehrgeiziger, krankheitsgeplagter Mann, in dessen geschichtlichem Leben auch nicht ein Strahl innerer Freudigkeit sich zeigt! An der Decke des großen Festsaales befindet sich ein allegorisches Bild, triumphirend in ritterlicher Rüstung steht der Friedländer in einem Siegeswagen, vier Rosse tragen ihn durch die Wolken. Wie seltsam sticht gegen diesen Halbgott sein Brustbild ab, das 1629 gemalt, in einer kleinen Kammer neben der Halle hängt. Egre obiit aegre — in bitterem Schmerz starb er zu Eger —

steht, an seine Ermordung anspielend, mit einem Wortwitz, der von einem Jesuiten herrühren könnte, hinter dem Bilde. Seine zweite Gemahlin, Isabella Harrach, hat ein sanftes, leidendes Gesicht, mit unschönen Zügen, aber lieblich milden Augen, eine weiße, breite, vielgefaltete Krause umschließt ihren Hals.

Ein kurzer Weg führt von dem Hause des altberühmten schwarzgelben Feldherrn zu dem Standbilde des Mannes, dem die österreichischen Waffen ihren jüngsten Ruhm verdanken. Auf dem Ring der Kleinseite steht das eherne Bild Radetzky's, von Emanuel und Joseph Max ausgeführt. Acht Soldaten tragen auf einem Schild den Feldherrn, wie einen Herzog des Mittelalters. Die flatternde Fahne hält er in der siegreichen Hand. Das Erz piemontesischer Kanonen hat mit zum Gusse gedient. Trefflich stimmen zu dem Charakter der Stadt die drei modernen Monumente: das Karl's IV. an der Brücke, an dem Franzensquai das Denkmal des Kaisers Franz, das in den gothischen Formen an Schinkel's Denksäule auf dem Kreuzberge bei Berlin erinnert, und dies Standbild Radetzky's. Sie sind reich in der Gliederung, mit mittelalterlichen Anklängen, von malerischer Wirkung. An dem trefflichen Franzensdenkmal — es baut sich pyramidenförmig als Brunnen auf — ist nur das Reiterstandbild des Kaisers mißglückt, das in der Mitte, unter einem Baldachin, gedrückt wie aus einer Blende hervorschaut. Nirgends ist so durch neue Anlagen und neuen Schmuck das Eigenthümliche der Stadt verwischt worden; im Gegentheil hat man bisher noch mit großer Einsicht und Sorge das Alte mit den Forderungen der Neuzeit in Einklang zu setzen gewußt. Eine Forderung, die sich

immer unabweislicher aufdrängt, wird freilich dem und
jenem alten Hause das Dasein kosten: es ist ein Durch=
bruch, der geraden Wegs vom Pulverthurm über den
Ring nach der Karlsbrücke führt. Die Jesuitengasse
zu passiren, muß an Winterabenden lebensgefährlich
sein. Die eng zusammengedrängten Häuser wehren
Luft und Licht jeden Zugang, Dampf und Dunst hauchen
aus jedem Hause. Durch breite Straßenfluchten wür=
den die Stattlichkeit des Clementinums mit seinen
Kirchen, das großartige Portal des Palastes Clam=
Gallas mit seinen Statuen in der Weise Michel An=
gelo's erst in das rechte Licht gesetzt werden, von keiner
Seite ist jetzt eine Ansicht zu gewinnen.

Aber nein! und noch einmal nein! sagte mir der
Synagogendiener auf dem alten Friedhof der jüdischen
Gemeinde, als ich die Vermuthung aussprach, in kür=
zerer oder längerer Frist würde der Kirchhof neuen
Häusern, der Anlage eines Quai's an der Moldau wei=
chen müssen. „Das wird nimmermehr geschehen, die
Ruhe unserer Todten wird nicht gestört werden." Um
den Prager Judenkirchhof weht ein Schauer der Roman=
tik; die ihn nicht gesehen, sind geneigt, nach Ruysdael's
unvergleichlichem Bilde: „ein Judenkirchhof" in der
Dresdener Galerie, sich eine ergreifende, phantastische
Vorstellung davon zu machen. Aber dieser märchen=
hafte Zauber dauert nur in einer Vollmondnacht.
Glänzend stand an einem wolkenlosen Himmel die
Sonne, als ich ihn betrat. Vor diesem hellen Lichte
verschwand jeder romantische Schauer. Das Prager
Ghetto — amtlich heißt es die Josephstadt — bildet
den nordöstlichen Theil der Altstadt und reicht mit sei=
nen Ausläufen bis an das Ufer der Moldau. Viel=

gestaltiger, volkreicher als die Judengasse in Frankfurt am Main, historisch bedeutsamer hat es doch äußerlich fast ganz seinen bestimmten Charakter verloren. Enge Gassen, schlecht gepflasterte, übelriechende, düstere, wie mit einer schwarzgrauen Kruste überzogene Häuser dienen unterschiedslos armen Juden und Christen zum Obdach. Früher sollen diese Gassen während der großen Feste und am Sabbath einen phantastisch-bunten, orientalischen Eindruck gemacht haben. Aber dieser Schimmer ist dahin, eine kalte und nüchterne Kritik hat die Mythen und Sagen zerstört, die um den Friedhof und das gothische Gemäuer der Altneuschule schweben. Urkundlich erwiesen ist, daß die Juden schon 1124 in diesem Winkel der Altstadt wohnten und eine Synagoge hatten. Aus dieser Zeit mag der Friedhof stammen, der bis 1780 benutzt wurde. Es sind eben nur fromme Legenden, die diesen und jenen Grabstein bis in das 8. Jahrhundert unserer Zeitrechnung hinaufsetzen. Von aufrecht stehenden grauen Steinen ist ein weites, von der Moldau bis mitten in die Stadt reichendes Feld bedeckt. Zäune, Mauern, Häuser schließen es rings ein. In vielfachen Windungen schlingt sich ein Hauptweg durch den ganzen Raum. Ein Uebersichtspunkt ist nirgends zu gewinnen; an Steinen wanderst du vorüber zu Steinen. Kunstlos ragen die einen auf, mit Arabesken geschmückt die andern, schwarzgrau, von Moos und Unkraut umschlungen, mit hebräischen Buchstaben bedeckt sind alle. Oft stehen sie so dicht zusammen, daß man die Breite der Hand nicht dazwischen legen kann. Da liegen sie, Reiche und Arme, Berühmte und Namenlose: dort ein Rabbi, der mit Tycho de Brahe den Lauf der Gestirne erforscht, hier die erste geadelte

Jüdin. Zum Zeichen ihrer Verehrung lesen die Besucher kleine Steine vom Boden auf und legen sie auf die Grabmäler. Ein grüner Schimmer umspinnt die Steine, zwischen ihnen wuchert Gesträuch empor, Brombeeren, Nesseln und Dornen; wo der Boden etwas freier ist, grünen Fliedergebüsche, sie beschatten den Steg, rauschen, blühen und duften über den Gräbern. In Frühjahrsnächten singen die Nachtigallen hier. Dann mag das Poetische und Schaurige des Gefildes — die Synagoge mit ihren weißen Mauern, die inmitten der Gräber steht, davor der steinerne Tisch, auf dem die Leichen gewaschen wurden — stärker sich dem einsam Wandelnden aufdrängen, als in der Tagesbeleuchtung. Wüst, öde, trümmerhaft erschien mir der Friedhof, kunstlos, in jedem Sinne des Worts in Gott verwildernd.

Prag ist eine zwiespältige Stadt in Sprache, Bauart und Wesen; ihre Vergangenheit drückt noch zu schwer auf ihre Gegenwart. Eine große ergreifende Geschichte hat sich in ihr abgespielt, die Steine, die Bauwerke zeugen dafür und lassen diese Erinnerungen auch bei den spätesten Nachkommen nicht erlöschen. Aber das moderne Leben geht andere Wege, nicht um Kirchen und Schlösser, um Priester, Edelleute und Fürsten bewegt es sich mehr. Um die Eisenbahn herum erwächst eine neue, industrielle, fabrikenreiche Stadt. Während sie aufblüht, wird der Hradschin immer mehr zur Ruine werden, zu einem Campo santo Böhmens. Ist die czechische Nationalität noch zu irgend einer geschichtlichen Thathandlung befähigt? Die Führer der Bewegung sind theils geistvolle, theils unternehmende Männer; sie sind in der Presse, im Stadtrath mächtig. Dem deutschen Nationaltheater

Abbruch zu thun, haben sie ein czechisches Theater errichtet, in seinem Giebelfelde prangt der böhmische Löwe mit emporgereckten Tatzen — „eine gar böse Katze," meinte ein Freund, als wir vorübergingen und erzählte von den Messen, die 1848 slavische Priester in slavischer Sprache an der alten Denksäule des heiligen Wenzel's auf dem Roßmarkte, die niedere Volksklasse entflammend, gehalten hätten. Dennoch erscheint diese Aufregung ohne jede Tiefe und rechten Halt. Künstlich ward 1848 von der Reaktion der Gegensatz und der Haß der Stämme, die unter der Habsburgischen Krone leben, geschärft und geschürt; statt daß alle eine gemeinsame Freiheit erstrebt hätten, wollte jeder Stamm nur seine ausschließliche Herrschaft. Trotz aller Patente und Reichsrathsdebatten ist die Lage Oesterreichs genau dieselbe wie in jenem Jahr: die Magyaren, die Czechen bedrohen die Reichseinheit. Die Finanznoth, die innere Zerfahrenheit der Verhältnisse kommen ihren ehrgeizigen Plänen zu Hülfe. Dennoch ist eine dauernde Niederlage des deutschen Elements eine physische Unmöglichkeit. Woher sollen die Magyaren, woher die Czechen neue Kräfte sammeln, während der Quell des deutschen Lebens, der ja auch die Deutschösterreicher tränkt und nährt, ungehindert von ihnen, ihrem Einfluß wie ihrer Berührung entzogen, von der Weichsel bis zum Rheine rauscht? Je mehr die Regierung für die materielle und geistige Wohlfahrt Böhmens eintreten würde, je mehr sie die gebundenen Kräfte entfesselte, wenn sie, was leider das Haus Habsburg nicht kann, der Begünstigung irgend welcher Religion entsagte, die Volksschulen beförderte, die unnützen Kirchenschätze zur Anlage von Wegen und

Kanälen benutzte, dann würden all diese czechischen Schreckensgespenster rasch verschwinden. Vor dem Slaven hat der Deutsche drei Dinge voraus: Kapital, Bildung und Fleiß. Es ist nur die echtdeutsche, politische Trägheit, die Unselbständigkeit, die Vielköpfigkeit der Meinungen, die in Prag zuweilen auf den Fremden den Eindruck machen, als wäre hier das deutsche Wesen im Niedergang. Zu wenig gepflegt, zu lange unterdrückt, hält die czechische Literatur weder mit der polnischen noch der russischen einen Vergleich aus; über die Echtheit und das Alter der Lieder in der Königinhofer Handschrift wage ich keinen Ausspruch, aber in poetischer Hinsicht werden sie weit von den serbischen Volksliedern übertroffen. Es ist möglich, daß jetzt, in den Tagen der nationalen Erregung, eine wahrhaft bedeutende, originale, die Bildung fördernde Literatur der Czechen sich heranbildet, aber wird sie, kann sie auf andern Grundlagen als denen deutscher Wissenschaft und Kunst fußen? Nicht zu feindseliger Trennung, zu brüderlicher Vereinigung beider Stämme ward das königliche Prag gebaut, es ist der größte und mächtigste Berührungspunkt deutschen und slavischen Wesens: von ihm scheidend, wendet man die Blicke noch lange nach den Thürmen und Kuppeln seiner Kirchen und Paläste zurück; ein gewaltiges, stolzes, ehrfurchtgebietendes Bild hat sich unserer Seele eingeprägt, wieder einmal hat Göthe Recht, wenn er Prag „den kostbarsten Stein in der Mauerkrone der Erde" nennt.

Berliner Bilder.

I.
Die Vorlesungen.

Nächst der Erfindung eines lenkbaren Luftschiffes, das nach Victor Hugo's Meinung dem zwanzigsten Jahrhundert vorbehalten bleibt, halte ich es für eine der schwierigsten Aufgaben, die dem menschlichen Geiste gestellt werden können, ein neues Vergnügen zu erfinden.

Die phantasievollsten Köpfe sitzen bekanntlich auf den Schultern der Köche und der Feinschmecker, wie viele Jahre aber vergehen, ehe sie ein wahrhaft neues Gericht, Suppe, Sauce oder Fleischspeise, ersinnen! Die Mehlspeisen sind wohl einer Veredelung fähig, allein ihr Urwesen, ihre Urabstammung von Mehlbrei vermögen sie nie ganz zu verleugnen, hier leistet die Kunst und die Erfindsamkeit des Koches Großes im Zierlichen, das Erhabene jedoch ist ihm auf diesem Gebiete versagt. Wie weit ist bei alledem der Abstand einer neuen Sauce von einem neuen Vergnügen! Niemals brauchte der Gedanke an die ganze Menschheit den Erfinder der Schildkrötensuppe oder den ersten vollendeten Austeresser zu beunruhigen, er wußte, so lange die Erde besteht, werden trotz Fourier's und

Proudhon's die Schildkrötensuppe und die Austern nur von einer kleinen Minderheit verzehrt werden, von gebildeten, auserlesenen Gaumen und Zungen. Ein neues Vergnügen aber steigt allmälig von der Hütte zum Thron, oder umgekehrt, wie wir es an der Crinoline sehen, vom Throne zum Dorfe nieder. Es ist für Alle berechnet, eine Nation nach der andern greift es auf, weil sich alle unter ihrer Staatsverwaltung langweilen. Kegelschieben wurde lange Zeit für ein ausschließliches Vergnügen des deutschen Bauers und Kleinstädters gehalten, jetzt schieben die Pariser mit Leidenschaft Kegel, seitdem sie ihre Regierungen nicht mehr schieben. Jedem Vergnügen, das diesem inhaltreichsten Wort der Sprache, denn Glaube, Liebe, Hoffnung klingen bezaubernder, aber bedeuten weniger, Ehre machen will, muß etwas Allgemeines, Ausdehnbares, Mittheilsames haben, es ist humanistisch und weltbürgerlich im edelsten Sinne. Vielleicht nenne ich das kein Vergnügen, was meinem Nachbar so erscheint; doch wird der schärfere Beobachter mühelos erkennen, daß nur unsere Stimmung, unser Alter, unsere Gewohnheit nicht mehr Vergnügen in dem finden will, was einst unsere höchste Lust war, während „das Ding an sich" nicht die geringste Veränderung erfahren hat.

Die Erfindung eines neuen, geistigen Vergnügens blieb unserm Jahrhundert vorbehalten: das Vergnügen, öffentlichen Vorlesungen beizuwohnen. Wie alles Gute und Böse im Dasein und im Weltverlauf haben auch die „öffentlichen Vorlesungen" ihre Wurzeln in den Anfängen der Geschichte. Sänger trugen ihre Lieder, Philosophen ihre Lehren, Narren ihre Späße auf der Gasse vor, so in Athen wie in Rom, in Babylon wie

in Alexandria. Ueber die Erde hin sind Märchen=
erzähler und Propheten verstreut. Nur die Japanesen,
wie es scheint, sind ein stilles Volk, die ihre Belehrung
mehr aus Büchern, als aus mündlicher Belehrung
schöpfen, lieber lesen als hören. Indeß wird Niemand
diese rohen Anfänge mit dem ausgebildeten System
öffentlicher Vorlesungen und Vorträge vergleichen, die
jetzt alle Hauptstädte Europa's mit einem magischen
Bande umschlingen. Drei Dinge verbinden die Cultur=
völker: die Eisenbahnen, die Telegraphendräthe und die
Vorträge, zu denen, bei dem Mangel jeder physischen
Macht, der Philosoph auch nothgedrungen die „Reden"
in sämmtlichen gesetzgebenden Versammlungen Mittel=
europa's rechnen muß: es sind harmlose Vorträge über
die beste Art zu regieren, „Professorenweisheit" nennt
sie der Graf Bismarck und der Kaiser Napoleon braucht
sie als Fidibus, seine Cigarre anzuzünden, wenn er die
Correcturbogen seines „Julius Cäsar" durchsieht. Die
Aufregung, Entrüstung, Begeisterung, der Sturm des
Unwillens, die Aufstände, die sonst Reden von Fox und
Mirabeau hervorgerufen, bleiben selbstverständlich von
einem „Vergnügen" ausgeschlossen. Nur unter diesem
Gesichtspunkt betrachte auch ich die neue Erscheinung:
die Nachwelt mag entscheiden, was an ihr Gutes oder
Uebles war, sie wird die Früchte ernten, die jetzt gesäet.

Im Beginn der Wintermonate fangen sich in den
Berliner Zeitungen zwei Gattungen von Anzeigen zu
bekämpfen an, die der Vorlesungen und die der Con=
certe. Der Haß der Ghibellinen und Guelphen ist
nicht spurlos verlodert, seine letzten Flammen schlagen
in den Herzen des Virtuosen und des Rhetors. Daß
Beide um den Beifall und die Börse des Publikums

ringen, wäre kein Grund zu dieser unversöhnlichen Feindschaft, zwei Gründe aber sind es, die auch den Engel der Geduld in den Dämon der Wuth verwandeln würden. Einmal zeigen sich Vorleser und Virtuos in ihrer Kunstfertigkeit nur am Abend, und dann besaß Berlin bis vor Kurzem für diese Productionen nur ein „anständiges" Lokal, den großen Saal in der Singakademie. Wer „Geschäfte" machen, in den Zeitungen „besprochen" werden wollte, mußte hier auftreten. Dies war sein Rhodus, hier galt es zu tanzen. Wie viele Unannehmlichkeiten, gegenseitige Kränkungen, wie mancher verdrießliche Vorfall sich aus dieser Beschränktheit der Zeit und des Raumes entwickelten, begreift auch der Fernerstehende. Oft begegneten sich auf der Treppe, die zum Saale hinaufführt, die zwei feindlichen Ströme derer, die aus einer Vorlesung kamen, und jener, die in ein Concert wollten. Gleich den Rittern Manuel's und Cäsar's in der „Braut von Messina" traten sich dann die Schaaren in der „prangenden Halle" gegenüber.

Um in das Chaos der Vorlesungen eine gewisse Ordnung zu bringen und die Lust der Rhetoren, sich hören zu lassen, für allgemeinere, nützliche Zwecke zu verwerthen, haben mehre Vereine die „Vorlesungen" in ihr Festprogramm aufgenommen; außer vielen kleinen, geschlossenen Gesellschaften, die trotz ihrer leuchtenden Namen, Phöbus oder Apollo, ein dunkles Dasein führen, sind es vier stattliche Vereine, welche als Generalpächter die öffentlichen Vorträge beherrschen: der wissenschaftliche Verein, der Verein für neuere Sprachen, der Gustav-Adolfs-Verein, der Missions-Verein. Zu welchen Zwecken die beiden letzten ihre Einnahmen verwenden, bedarf keiner Erörterung; der

Verein für neuere Sprachen besteht aus Lehrern der höheren Schulen und einigen Freunden und Kennern englischer und französischer Literatur; diese beiden Sprachen, ihre Schriftsteller und Schriftwerke werden zumeist in den Vorträgen, die seine Mitglieder im Concertsaal des Schauspielhauses halten, berücksichtigt.

Am beliebtesten im Publikum ist der wissenschaftliche Verein: der berühmte Historiker der romantischen Schule, der zwar nicht ewig jung und grün geblieben, weil er es eben nie war, aber noch immer grau, gutmüthig und redefertig ist, wie weiland der Griechenkönig Nestor, Friedrich von Raumer, gründete ihn vor etwa einem Decennium in der preiswürdigen Absicht: mit seinen Einnahmen in Berlin öffentliche, unentgeltliche Volksbibliotheken, wie er sie in den großen Städten Nordamerika's gefunden, zu gründen. Ueber jede Erwartung hinaus ist dieser Zweck erreicht worden. In verschiedenen Stadttheilen bieten diese Bibliotheken ihre Schätze dem Volke dar, das sie in eifrigster Weise benutzt. Der wissenschaftliche Verein hält seine Vorlesungen an zwölf Sonnabenden, zwischen 5—6 Uhr Nachmittags in der Singakademie, vom Beginn des Jahres bis zu den Iden des März.

Hier zu reden, gilt oder besser galt für eine hohe Auszeichnung. Alte Professoren und junge Privatdocenten buhlten wetteifernd um diese Ehre. Während der Sonnentage der Regentschaft nämlich, als in der „neuen Aera" die Liberalen von der Astraea redux, von der Wiederkehr des goldenen Zeitalters für Preußen sangen und sagten, fehlte eine erlauchte Fürstin nie unter den Zuhörerinnen dieser Vorlesungen: die jetzige Königin von Preußen. Oefters geschah es sogar, daß der Vortragende „zum Thee" in das Haus der hohen Frau, wie der byzantinische Curialstyl lautet, „befohlen" ward. Hier war es, wo der „philosophische" Professor Erdmann aus Halle seine Taschenspielerkunststücke mit Syllogismen und Principien, mit Kategorieen und Realitäten, mit hypothetischen und apodiktischen Sätzen trieb, daß die Versammlung, wenn er sie eine Stunde lang mit „Traum und Träumen", mit „Spiel und Spielen" unterhalten, sich in wunderlichster Seelenverfassung fragte: ist der Mann ein Narr, oder hält er uns zum Narren? Raumer ist ein Mann der richtigen Mitte und so weht denn über und um den wissenschaftlichen Verein ein Hauch des Liberalismus. Um Erdmann entgegenzuwirken, trat ein und ein anderes Mal Virchow, von dem lauten Beifall der Zuhörer empfangen und mit ihm entlassen, auf.

Die Gegenstände, über welche in all' diesen Vereinen gesprochen wird, entziehen sich der Anführung, ihrer Reichhaltigkeit wegen; es giebt nichts zwischen Himmel und Erde, das die Vortragenden nicht in ihren Kreis zögen. Die Erkenntniß des Weltalls wird hier für ein gemischtes Publikum anmuthig und schmackhaft zubereitet. Ein encyklopädisches Wissen athmen die Zuhörer und noch mehr die Zuhörerinnen mit der Luft dieser Säle ein. Jede Dame, entre deux âges schillernd, mit blaustrümpfigen Neigungen, ist auf diese Vorträge abonnirt; ist die Belehrung, die sie empfängt, nicht immer gediegen, so ist sie doch mit einer so großen Annehmlichkeit und Vergnüglichkeit verbunden, wie sie das einsame Studium niemals gewähren kann. Die Wissenschaft schlingt um Männer und Frauen, im Saal der Singakademie, ein schönes Band gegen=

seitiger Freundschaft und Hochachtung: im Missions-
verein findet die verlassene „Schwester" einen verlasse-
nen „Bruder im Herrn", um sich über den Sünden-
fall im Garten Eden zu trösten. Eine Vorlesung ist
das Schattenspiel einer Theatervorstellung; ehe sie beginnt, geht ein Flüstern der Neugierde durch die Versammlung. Wie sieht er aus? der Vorleser nämlich,
fragen die Frauen; was wird er uns sagen? die Männer.
Diese Spannung erhöht das Vergnügen. Im Fluge
verrauscht die sonst so langsam dahinrollende Stunde;
halb mit Zuhören, halb mit Träumen, mit Beobach-
tungen „in's Publikum hinein" — denn die Damen
erscheinen meist in Putz und Schmuck — hat man sich
„vortrefflich unterhalten" und kommt reicher nach seiner Wohnung zurück; man weiß genau die Höhe von
Chufu's Pyramide anzugeben, und kann man auch das
englische Wort slang nicht definiren, so sagt man doch
mit stolzem Selbstgefühl in der nächsten großen Gesellschaft: „Das würde ein echter Engländer slang
nennen!"

Während diese Vereine sich um die ästhetische Bildung des Menschen bemühen, suchen ihn die Bezirksvereine, nach Aristoteles' Ausdruck, zu einem „politischen
Thier" zu erziehen. Die Vorträge in den Bezirksver-
einen finden nur vor Männern statt. Der Zollverein
und die Militairfrage, die Gemeindeverwaltung und
das englische Parlament erschließen hier ihre Geheimnisse den Wissensdurstigen. Durch einen Wachtmeister
der Constabler ist der Staat in höchster Majestät vertreten. Die pessimistische Anschauung Proudhon's, die
beste Regierung wäre der Mangel jeder Regierung,
muß vor dieser ernsten gefurchten Schutzmannsstirn

entweichen; er erlaubt als grollender Zeus nur die
Lehre Hegel's: Alles, was ist, ist vernünftig. Von
Leibniz adoptiren die Redner die Ansicht der allmäligen,
fortschreitenden „Perfectibilität" des Menschengeschlechts.
Das „Vergnügen" an politischen Dingen pflegten die
Germanen des Tacitus wie die Staatsbürger der
Gegenwart durch einen Trunk guten Biers zu erhöhen.
Der Bezirksverein hält stets seine Sitzungen in einem
Bierlocal, eine nasse Kehle ist für die Aufnahme poli=
tischer Wahrheiten in „das seelische Leben" empfäng=
licher, als eine trockene. Neben vielen Rednern, die
nur des „Gemeinwohls" wegen und aus verzeihlicher
Eitelkeit ihre Mitbürger belehren, hat sich in dem
letzten Jahre eine Rhetorenschule gebildet, deren Mit=
glieder sich aus volkswirthschaftlichen Ursachen ihre
Vorträge bezahlen lassen. Diese Vorträge gewähren
den Bezirksgenossen ein besonderes Vergnügen, der
Osten der Stadt beneidet dem Westen einen berühm=
ten Redner über „Communalverwaltung". Wenn
Gorgias von Syrakus nach Athen kam, konnte er nicht
mit größeren Ehren empfangen werden, als unsere
Redner, wenn sie sich — eine Sitte, die in der ameri=
kanischen Union längst eingebürgert ist — zur Wan=
derung von einem Bezirk zum andern entschließen.

Ein Netz von Vereinen und Vorträgen umspannt
so Berlin; aber einzelne hervorragende Geister ver=
achten die militairische Zucht und kämpfen auf eigene
Faust, nicht in Reih' und Glied. Plötzlich erscheinen,
plötzlich entweichen sie wieder. Palleske mit seinen
Schiller= und Shakspeare=Vorlesungen, Bogumil Golz
mit seinen phantastischen, humoristischen, sentimentalen
Vorträgen pilgern, wie im Mittelalter die fahrenden

Schüler und Bettelmönche, lustig von Stadt zu Stadt, ihren „Coriolan" oder ihr Manuscript „über die Weiber" in der Tasche. Sie sind gern gesehene Gäste, andern freilich erglänzen nur Unglückssterne. Sie bezahlen das „Vergnügen" vor Wenigen, welche die harte Pflicht eines Freibillets in den Saal gezwungen, über die „Geheimnisse der Freimaurerei" etwa zu lesen, aus ihrem eigenen Beutel. Denn die Sucht, einen Vortrag zu halten, ist jetzt so groß, wie vor zwanzig Jahren die nicht minder gefährliche Epidemie, Heine'sche Verse nachzudichten. Wie lange noch und das Wort von der deutschen Nation — der Nation der Denker — ist wenigstens zur Hälfte erfüllt: von zwei Deutschen ist dann wenigstens einer ein Vortragender; kein Zweifel, allen Völkern tragen wir die Leuchte der Wissenschaft vor.

II.

Im Handwerkerverein.

Auf dem Genfer Friedenscongreß im September 1867 ging es nicht nur dem Papste und den Cäsaren schlecht, auch den Völkern wurde von sonderbaren Schwärmern, die dort versammelt waren, das Aergste nachgesagt. Im Allgemeinen sind die Völker sogar noch schlimmer weggekommen, als die Tyrannen. Bald waren sie elende Sklaven, bald, wie die Nordamerikaner, heimtückische Unterdrücker. Die katholische Welt war mit der „Pestbeule des Papstthums" behaftet. Das

Gewissen Europa's schläft, jammerte Edgar Quinet; nein, rief ein Anderer, es schläft nicht, aber die Völker haben alle ein böses Gewissen. Dem Grafen Bismarck die Stiefeln zu küssen, war nach diesen Rednern die einzige Beschäftigung der Preußen. Die Fortschritte der europäischen Menschheit auf dem Wege friedlicher und freiheitlicher Entwickelung auch nur zu erwähnen, auch nur einen Blick auf die geistige Arbeit und Bewegung der Völker zu werfen, hielt dieser Congreß seiner Würde nicht für angemessen. Nach den Schilderungen der französischen Demokraten mußte es einen unbefangenen Mann wundern, daß Europa noch keine Wüste war, daß er Leuten begegnete, die keinen Soldatenrock trugen. Mir fielen bei dem Lesen dieser Berichte beständig die Klagen der Frommen und der Philosophen ein. Die Gläubigen sehen dies Jahrhundert in den tiefsten Pfuhl des Materialismus versunken, weil gewisse Dogmen und Vorstellungen aus dem Geiste des Volks entschwunden sind; die Philosophen stimmen in diese Klage mit ein, weil ihre metaphysischen Vorlesungen und Abhandlungen kein Publikum mehr finden. So ist alle Poesie nach der Meinung des Dichters, dessen traurige Jamben=Tragödie vor leeren Bänken aufgeführt wird, während eine Posse von Offenbach die hundertste Aufführung erlebt, aus dieser entarteten Welt entflohen. Im achtzehnten Jahrhundert waren die Philosophen und die ganze gebildete Gesellschaft mit ihnen von der Gewißheit des herannahenden goldenen Zeitalters der Vernunft überzeugt; die zaghaften kleinen Schritte, welche weniger die Völker, als die Könige aus veralteten Formen und Schranken herauswagten, wurden mit Jubel begrüßt: jetzt gehen wir kalt an den

größten Thaten und Wundern der Menschenliebe und
Aufklärung vorüber. Eine Einrichtung, wie die Sanitäts-Commission der Amerikaner in ihrem Bürgerkriege,
die hunderttausend Menschen gepflegt, geheilt, errettet,
hat nur ein schwaches Echo in der Welt erweckt, in
derselben Welt, deren Kanzeln fort und fort von dem
Jammer über die Sittenlosigkeit und Verwilderung der
Menschheit widerhallen. Eine Volksbildung, bisher
noch ohnegleichen auf Erden, verbreitet sich unaufhaltsam in Deutschland, England, Amerika; mit siegender
Gewalt hat sie die romanischen Bevölkerungen ergriffen,
sie bringt nach Japan und China vor, um die Verbrüderung der Menschheit aus der Traumwelt der
Ideale zur Wirklichkeit zu gestalten — und dennoch
sind wir Sklaven, nach den Genfer Friedensfreunden,
und dem Satan verfallen, nach den Katholiken, die in
Innsbruck getagt!

Gewiß, das Weltelend und Weltübel ist nicht überwunden, aber in seiner Bekämpfung hat unser Jahrhundert Ruhmwürdiges geleistet, nach dem Zeitalter der
Reformation ist es das erste, in dem der Volksgeist sich
wieder Geltung verschafft und alle Kreise des Lebens
erfaßt und durchdrungen hat. Die Bildung des 17.
wie des 18. Jahrhunderts war eine ausschließliche und
berührte kaum die Menge. Erst jetzt werden unsere
Classiker ein Gemeingut des Volkes. Indem man nur
die Bewohner von Paris im Auge hatte, hat man die
Franzosen „Voltairianer" genannt, diese Franzosen, die,
von ihren Pfarrern geführt, sieben Millionen Stimmzettel für Louis Napoleon in die Wahlurne legten!
Die statistischen Nachrichten über die öffentlichen Vorlesungen in Paris zeigen, daß der Mehrzahl der Fran-

zosen selbst in der Hauptstadt Molière bis jetzt fast unbekannt war.

Die Kunst und die Wissenschaft drangen bisher über eine gewisse mittlere Linie nicht zu den tieferen Schichten des Volkes vor; diesen Fortschritt haben die Bildungsvereine aller Art gethan, die sich zum unwiderleglichen Beweis, daß ein höherer Sinn nach geistiger Veredlung im Menschen waltet, jetzt in so vielen deutschen Städten öffnen. Daß in diesen Vereinen nicht immer Gold gemünzt wird, ist eine Bemerkung, deren Wahrheit sich bei jeder menschlichen Einrichtung herausstellen wird. Auch die ersten Christengemeinden bestanden nicht einzig und allein aus Heiligen und reuigen Sündern.

Unter diesen Vereinen nimmt durch sein Alter und seine Verdienste der große Berliner Handwerkerverein einen hervorragenden Platz ein. Besser, als jedes Lob, spricht die Thatsache für ihn, daß die Gesammtzahl der seit sieben Jahren durch ihn ausgebildeten Handwerker aus allen Landschaften Deutschlands sechszigtausend beträgt; hier ist in Wahrheit eine hohe Schule für die Arbeiter, denn der monatlich zu entrichtende Beitrag der Mitglieder ist auf drei Silbergroschen festgesetzt; eine Summe, die Jeder für seine Ausbildung verwenden kann. Die preußischen Städte, behauptet ein Franzose, bieten dem Gelehrten die mannichfachsten Hilfsmittel für seine Studien, für den Lebemann sind sie langweilig und öde. Er hätte hinzusetzen können, daß das Volk aus sich selbst heraus nicht Vergnügungs-Lokale, sondern Hörsäle schafft. Lernt man Paris auf den Straßen und in seinen Tanzsälen, so lernt man Berlin am besten in seinen Vereinen kennen. Ein Besuch im

Berliner Handwerkerverein gewährt Denen, die das Volk und die auf Bildung begründete Freiheit lieben, ein unvergeßliches Schauspiel. Hier sieht er in einem glänzenden Beispiel, was Gemeinsinn kann, wie die Musen rohe Kräfte bändigen und erziehen, und wie in ihrer harmonischen Einigung die Höhen des Lebens sich mit seiner Tiefe mischen. Ein stattliches Haus, in der Sophienstraße, unweit einer der älteren Kirchen der Stadt gelegen, erhebt sich vor ihm, er tritt in einen langen, hohen, von Gaslicht hell erleuchteten mit einer Galerie geschmückten Saal; die Kronleuchter, die Brüstung der Galerie sind von zierlicher und gefälliger Holzarbeit. Glasthüren öffnen sich nach einem geräumigen und schattigen Garten. Den inneren Raum des Saales füllen Tische und Stühle; an der Wand, dem Haupteingang gegenüber, erhebt sich die Tribüne für den Vortragenden. Ein schöner Bechstein'scher Flügel steht vor derselben; alle Versammlungen des Vereins werden mit Gesang eröffnet. An den großen Hörsaal schließen sich Bibliothekszimmer, Schulräume, ein Lesesaal — und dies Alles ist durch die freie Selbstthat des Vereins, ohne Beihilfe der Regierung oder der Stadtgemeinde geschaffen worden. Keinem König, keinem Priester dient diese Halle; im wahrsten Sinne des Wortes ist sie den Musen errichtet worden. Hier sitzt das Volk, um bei dem gewohnten Bilde zu bleiben, in größerer Zahl und in gleich gehobener Stimmung zu den Füßen seiner Weisen und Dichter, als es jemals den Worten des Sokrates und den Lehren Plato's lauschte. Das Hellenenthum schloß den Handwerker und den Sklaven von seiner Bildung aus; nach Aristoteles' Ansicht kann ein Handwerker kein „edler Mensch" sein.

Man halte diese beiden Thatsachen nebeneinander, um, wenigstens in der Schätzung des Menschen, den Vorzug unserer Civilisation vor der Blüthe Griechenlands zu erkennen. In seinen Statuten bezeichnet der Verein als seinen Hauptzweck: allgemeine Bildung, tüchtige Berufskenntnisse und gute Sitte unter seinen Mitgliedern zu befördern, und als Mittel zur Erreichung dieses Zweckes nennt er: Vorträge, Besprechungen, Unterricht, Gesang, Turnen, Bibliothek, Zeitschriften und gemeinsame, gesellige Vergnügungen, letztere auch unter Theilnahme der Frauen und Kinder der Vereinsmitglieder.

Dicht gedrängt ist der Saal, eine tiefe Stille herrscht. Neben Jünglingen sitzen ergraute Männer, zu den Mittwoch-Vorträgen ist auch den Frauen der Zutritt gestattet. Nach der Arbeit des Tages bietet der Vortrag Allen Belehrung, Unterhaltung, Erhebung. Meist sprechen die Redner frei; ein leiser, magnetischer Strom geht zwischen ihnen und der aufhorchenden Versammlung auf und nieder. Hier gilt es vor Allem, klar und verständlich zu sein, den Prunk unnöthiger Worte und einseitiger Gelehrsamkeit zu vermeiden; bald soll der Verstand der Zuhörer geweckt, bald ihr Herz gerührt, bald ihre Phantasie mit großen oder anmuthigen Bildern beschäftigt werden. Gewerbekunde und Naturwissenschaft nehmen, dem Wesen des Vereins gemäß, die erste Stelle in diesen Vorträgen ein, kein Gebiet des Geistes aber bleibt brach liegen, nur — und hierüber werden Garibaldi mit seiner reinen Gotteslehre und der Jesuiten-General gleich unzufrieden sein — über religiöse und politische Gegenstände darf nicht gesprochen werden. Leicht und mühelos ist hier das Problem einer Hochschule ohne Confession gelöst. Niemand, der den Versammlungen des Handwerker-Vereins beigewohnt, wird aber behaupten können, daß ihnen durch den Ausschluß der Religion auch die andächtige Stimmung verloren gegangen sei. Welchen Widerhall haben in diesem Saale die Verse Schiller's und Goethe's gefunden, wenn sie von den Lippen eines begeisterten Redners klangen! Dichtungen, deren Inhalt und Form dem Verständniß dieser Kreise entfernter zu liegen scheint, wie Shakspeare's „Historien" und Calderon'sche Schauspiele, wurden dennoch in geeigneter Weise, mit den nothwendigen Erläuterungen vorgetragen, mit der lebendigsten Theilnahme aufgenommen. Nicht aus Ehrgeiz oder Eitelkeit wird diese Tribüne bestiegen; hier ist nicht einmal der Ruf eines großen Redners zu erlangen; was hier geschieht, geschieht um der Sache willen. Alle Vorträge sind unentgeltlich und haben bei ihrem vorwiegend lehrhaften Charakter nicht einmal die Anerkennung der demokratischen Zeitungen zu gewärtigen, denen die politischen Debatten der Bezirksvereine viel wichtiger erscheinen, als der Unterricht des Volkes. Dennoch ist die Lehrerschaft des Handwerkervereins eine der glänzendsten, die eine deutsche Hochschule aufzuweisen hat; Namen, die überall in Deutschland genannt werden, zieren sie. Wiederholt haben hier Auerbach und Diesterweg, Virchow und Spielhagen gesprochen; Twesten, der Bürgermeister Hedemann, der Präsident Lette, der berühmte Statistiker Engel gehören zu den Lehrern des Vereins.

Ist der Vortrag beendigt, wird die bis dahin verpönte Cigarre und die Frage frei. Wie aus einer unerschöpflichen Quelle gießt der Fragekasten seine Zettel aus. Nichts am Himmel und auf Erden bleibt von der Frage- und Forschenslust des Volkes unberührt. Wiederum ist der Spott über die vielen thörichten Fragen wohlfeil; faßt man aber die Gesammtheit der Fragen in's Auge, so überrascht die Theilnahme, die das Volk der Wissenschaft entgegenbringt, sein gesunder praktischer Sinn, der nicht in die metaphysische Unendlichkeit, sondern nach einer bestimmten Erkenntniß trachtet. Aus vielen geschäftlichen Fragen läßt sich die Größe und der Umfang des Verkehrs im Verein ermessen. Beträgt doch die Durchschnittszahl der Vereinsmitglieder dreitausend, eine Zahl, die in den Wintermonaten, wo der Zudrang lebhafter ist, auf zehntausend steigt. Bieten die Vorträge, die Frage-Beantwortung und die Besprechungen an den Vereinsabenden der Gesammtheit der Mitglieder mannichfaltigste Anregung und Belehrung, so sind die gesonderten Unterrichtsklassen dazu bestimmt, dem Einzelnen die Gelegenheit zu ernster und wissenschaftlich strenger Fortbildung zu gewähren. Schreiben, Zeichnen, das kaufmännische Rechnen, die französische Sprache sind die Unterrichts-Gegenstände, die am eifrigsten begehrt werden. Der Unterricht wird in diesen Klassen nur gegen einen vierteljährigen Beitrag, der von 7½ Groschen bis zu 1¼ Thaler steigt, ertheilt. In einer norddeutschen Schule, sie mag nun von Knaben oder Männern besucht werden, darf die Turnerei und der Gesang nicht fehlen; auch unseren Handwerkern halten beide Geist und Leib frisch und frei. Von ganz besonderm Werth und Nutzen hat sich die Baugewerkschule des Vereins erwiesen, die seit einigen Jahren in den vier Wintermonaten unter der Leitung von Professoren der Architektur eröffnet ist und den jungen Bauhandwerkern des Vereins die nöthige theoretische Fachbildung gibt.

Ursprünglich im Jahre 1843 gegründet, wurde der Verein während der Reactions-Periode geschlossen und erst nach mehrjähriger Unterbrechung 1859 wieder erneuert; von dieser Zeit datirt sein großer und unerwarteter Aufschwung. Wie viel Uebles man auch der preußischen Regierung in dem Wechsel ihrer politischen Ansichten von der „neuen Aera" über die „Krönung" fort zur „norddeutschen Bundesverfassung" nachsagen kann, das Vereinsrecht hat sie im Allgemeinen nicht angetastet. Weder der Bildung der Bezirksvereine, noch den Arbeiter-Versammlungen hat sie sich widersetzt; die polizeiliche Ueberwachung macht sich oft in drückender Weise geltend, aber sie greift das Versammlungsrecht selbst nicht an. Im Schutze dieses Rechts ist der Berliner Handwerkerverein emporgewachsen und in unserer Stadt für die Hebung der auf der Glücksleiter tiefer stehenden Klassen des Volks von entscheidendem Einfluß geworden.

In unserer Stadt allein? Welchen Werth könnte diese Erscheinung in einer allgemeinen Betrachtung beanspruchen, wenn sie nur ein Erzeugniß zufälliger, an einen bestimmten Ort gebundener Verhältnisse, wenn sie nicht der Ausdruck einer umfassenden, allgemeinen Idee wäre! In jeder größeren deutschen Stadt aber kann ein solcher Verein gebildet und erhalten werden, kann er die Blüthe und die Jugend des Handwerks in sich aufnehmen. Den Franzosen, trotzdem sie „an der Spitze der Civilisation" stehen, wird es immer versagt sein, eine solche Vereinigung zu schließen, nicht sowohl durch ihren Cäsar, als durch ihren National-

Charakter, der für die Dauer kaum an einer so ernsten, auf Stätigkeit beruhenden, pedantischen Arbeit, ohne theatralischen Pomp und Erfolg, Gefallen finden möchte; uns Deutschen erwächst sie aus einem Keime unseres innersten Wesens. Denn wir alle sind entweder Schulmeister oder Schüler. Und hier erheben die Gegner der Bildungsvereine und der öffentlichen Vorlesungen ihre Stimme: „Was nutzt diese ganze Arbeit? Eine wissenschaftliche Bildung gibt sie dem Volke doch nicht, sie verwirrt es nur." Wenn es der Zweck wäre, die Handwerker und Arbeiter durch diese Vorträge in der Weise der Studenten zu einem Staatsexamen vorzubereiten, hätten die Ankläger recht. Nicht darum aber, sondern um die geistige Anregung der Massen handelt es sich. Bisher gehörten die Schätze der Kunst und der Wissenschaft Wenigen, diese Vorträge und Vereine erschließen sie Allen. Ich möchte in dieser Beziehung eine Vergleichung mit der Photographie machen. Auch wer nie in Rom oder Sevilla gewesen, kann sich jetzt durch Photographien eine ziemlich deutliche Vorstellung von den Bildern Rafael's und Murillo's machen. Nach dem Maße seiner Theilnahme für diese Dinge dringt der Eine tiefer in sie ein, dem Anderen genügt das flüchtige Anschauen. Aehnlich ist die Wirkung der Vorträge, ein Samenkorn nimmt jeder Zuhörer mit sich, wie weit es sich in ihm entwickelt, hängt außer seinem Willen noch von äußeren, unberechenbaren Umständen ab. Die Parabel Christi von dem Säemann sagt dasselbe. Die Höhen der Wissenschaft ersteigen überhaupt nur Wenige, den geheimsten Sinn, die eigenthümlichste Schönheit eines Kunstwerks, wie Viele erkennen und würdigen sie denn? Bis vor Kurzem war die deutsche Wissenschaft und Kunst wie durch eine Mauer vom Volksleben getrennt; die vielgerühmte „Einkehr in's Volksleben" bestand darin, daß die Maler statt historischer Bilder Genrebilder aus der Idylle des Dorfes zu malen, und die Dichter statt „Wally die Zweiflerin" „Barfüßle das Gänsemädchen" zu bevorzugen anfingen. In tieferer Weise suchen sich jetzt die so lang geschiedenen Elemente zu vereinigen und zu durchdringen. Die neue Blüthe unserer Kunst, die wir erhoffen, wird aus dieser Vereinigung hervorgehen. Mehr als die politische Frage beschäftigt und bewegt die sociale die Herzen und Köpfe des Volks. Thöricht, sie einseitig als eine Frage zwischen Kapital und Arbeit, als eine nur aus ökonomischen Verhältnissen hervorgegangene und durch ihre Aenderung zu beseitigende Krisis zu betrachten; die sociale Frage umfaßt zugleich die Bildung und die Religion der Zukunft. Ein wesentliches Element, sie zu reifen und zu lösen, ist die Erziehung des Volks. Bricht dann das Chaos herein, wie es uns die Genfer Friedensapostel geweissagt, so ist wenigstens eine Fackel da, es zu erleuchten.

Die Fremden, die den Berliner Handwerkerverein besuchen, scheiden mit einer gewissen Bewunderung von ihm; auf die dunkle Bahn, die vor uns liegt, fällt von ihm aus ein heller Lichtschimmer. Wenn diese preußische Errungenschaft in allen deutschen Städten nachgeahmt würde, möchte die deutsche Einheit noch besser und fester als durch Zoll= und Schutzverträge für alle Zukunft gesichert sein.

III.
Die Theater.

Die Klage über den Verfall des Theaters ist so alt als sein Dasein; es klingt wie ein Scherz und ist doch, wenn man die Geschichte befragt, eine ernsthafte Wahrheit: Das Theater verfällt, seit es besteht. Schon Aristophanes schalt über den schlechten Geschmack der Athener seiner Zeit, die ein Trauerspiel von Euripides einem des Aeschylus vorzogen; wie mag der vornehme, feingebildete Menander über den niedrigen Sinn der Zuschauer geklagt und ganz heimlich sich geärgert haben, wenn sie einem Possenspiel des Philemon ihren Beifall zujauchzten. Und so, durch alle Zeiten, alle Völker: die Gegenwart hat immer gefunden, daß die nächste Vergangenheit ein besseres Theater gehabt. Aus dem Abgrund der Vergessenheit, der noch tiefer ist als der Brunnen des Demokrit, tauchen eben nur die vollendeteren Dichtungen, die Namen der vorzüglicheren Schauspieler herauf; die Mittelmäßigkeit erscheint nicht mehr an der Oberfläche. Schiller und Goethe wußten recht wohl und ertrugen es nicht stets mit dem Gleichmuth edler Geister, daß ihnen Iffland und Kotzebue die Bühne streitig machten; wir haben es fast vergessen, und bemerken nur, daß Frau Charlotte Birch-Pfeiffer und Benedix auf der Bühne der Gegenwart Friedrich Hebbel überholen.

Aber der gerechte Wunsch der deutschen Nation nach einem National=Theater; Schiller's Ansicht, die Ansicht eines Jeden, der die Kunst und das Volk ehrt, daß die Bühne eine Erziehungsanstalt ...

Ach! das ist jenes „ideale" Theater im glückseligen Lande Utopien — mögen es uns nun die Cäsaren oder die Socialisten schaffen — wo Alle gut und tugendhaft sind, viel Geld und wenig Arbeit haben, wo, wie Victor Hugo hofft, die Fabrikarbeiter nicht mehr einen Roman von Alexander Dumas, sondern nur noch Aeschylus „Eumeniden" und Lucretius „de rerum natura" in der Ursprache lesen werden. Das wirkliche Theater dagegen hängt wie jede andere Einrichtung des Lebens von der Stimmung der Gesellschaft und den öffentlichen Zuständen ab; es ist ebenso unmöglich, in die moderne Welt die Gastfreundschaft des Alterthums einzuführen, als dem Berliner Publikum einreden zu wollen, Phädra und Agamemnon wären anziehendere Persönlichkeiten, als der „gebildete Hausknecht" und die „Gräfin Guste". Die Bühnen großer Städte sind nicht für literarische Feinschmecker eingerichtet, sie müssen in gewissen Beziehungen sich dem Geschmack der Menge anschmiegen. Kein Zweifel, dieser Geschmack kann gehoben, gebildet werden; warum sollte man nicht, wie den Einzelnen so die Menge zur Schönheit erziehen können? Nur müßte dann die Zeit eine poetisch angeregte, eine künstlerisch empfindende sein, der Dichter und der Theater-Director in ihren Bestrebungen nach dem Idealen von der Stimmung der Massen unterstützt werden. Dies wird man von unseren Tagen nicht behaupten. Die Künste mögen einen Selbstzweck haben, der Künstler bei seinen Schöpfungen einem inneren Drange folgen; der Leser, der Beschauer fragt zuerst: unterhält mich das neue Werk?

Berlin zählt jetzt neun Theater: fünf im Innern

der Stadt: die beiden Hoftheater, das Friedrich-Wilhelmstädtische, das Wallner'sche und das Victoria-Theater; vier in den Vorstädten: im Süden der Stadt das Callenbach'sche, im Westen das Kroll'sche, im Norden das Woltersdorff'sche, im Osten das Vorstädtische — nur eins strebt danach, das Volk zu erziehen, freilich in seiner Weise, das Vorstädtische. Die übrigen Theater wollen nur „unterhalten" und „Kasse machen". Unter den verschiedenen Verwandlungen Apollo's, seit dem Untergang des Olymps, hat Heine in seinen „verbannten Göttern" eine zu schildern vergessen: Apollo als Billetverkäufer eines Vorstadttheaters. Trotz des großen Zuschusses, welchen die beiden königlichen Theater, das Opern- und das Schauspielhaus, aus der königlichen Schatulle erhalten, ist auch ihrem Leiter „ein volles Haus" die Hauptsache. Spricht ein Stück das Publikum einmal mehr als gewöhnlich an, so wird es, in ähnlicher Weise wie in Wallner's Theater die Possen, zu Tode gespielt. Von einer künstlerischen Leitung ist kaum noch die Rede; die oberen Gewalten wenden ihre Aufmerksamkeit und Liebe nur der Oper und dem Ballet zu. Wenn Berlin nicht durch seine Schauspieler glänzt, so geht es in der Pracht, mit der es seine Oper und sein Ballet ausstattet, allen anderen Städten voran. Wie ärmlich in ihren Costümen, wie anmuthslos in ihren Gruppirungen erscheinen selbst französische Tänzer und Tänzerinnen gegen ein Ballet im Opernhause. Das Schauspiel aber ist das Stiefkind des Hofes, des Intendanten und leider auch des Publikums. Die Sahara ist nicht trostloser und öder, als das Repertoire dieser ersten Bühne Berlin's. Ein Dutzend „klassischer" Schauspiele vollendet mit akademischer Regelmäßigkeit den Kreislauf jedes Monats: Hamlet und Don Carlos, Othello und Faust, Richard III. und Karl Moor, Romeo und Maria Stuart; zuweilen Fiesko und Wilhelm Tell, Emilia Galotti und Cabale und Liebe.

Genuß oder Erhebung können diese Darstellungen nur in seltenen Fällen gewähren; sie sind auch nur, wie der wackere Desgaudets in dem Scribe'schen Lustspiel ausruft: „Pfuffs"! mächtige Blender für die Fremden aus der Provinz, um den Ruhm aufrecht zu halten, daß in dem klassischen Hause, das Schinkel gebaut, eine Stätte des reinsten Idealismus sei, und das heilige Feuer der Vesta hier nie erlösche — wenn es auch zuweilen durch die strahlende Illumination in „Montjoye's" Garten verdunkelt wird. Ein heiserer Hamlet, ein König Philipp von Spanien, der einem eifersüchtigen Major außer Diensten gleicht: das sind nicht die Magnete, die uns unwiderstehlich zum Cultus des Schönen zögen. Ist es nicht billiger und besser, sich in seinem Daheim in Shakspeare, Goethe und Schiller zu versenken, sich die Seele an dem Wohllaut ihrer Harmonien berauschen zu lassen, als im Schauspielhause die traurige Verstümmelung ihrer Verse mit anzuhören?

Neben diesen „Pfuffs" wandelt dann irgend eine Neuigkeit die Wochen auf und ab. Die Berliner Bühne gehört den Classikern, der Frau Charlotte Birch-Pfeiffer, Otto Girndt und Roderich Benedix. Wer sonst noch auf ihre Bretter steigt, ist „eine Ausnahme". In der dramatischen Production ist eine bedenkliche Ebbe eingetreten, aber die Leiter der großen Bühnen haben kein Recht, die Dichter darum anzuklagen. Die tausend Rücksichten, welche die Intendanz eines Hoftheaters bestimmen, vielleicht bestimmen müssen, hemmen jedem wahrhaft originalen Talente den Zugang zur Bühne und treiben es nothwendig, nach den ersten mißlungenen Versuchen, seine Schöpfung zur Darstellung zu bringen, auf andere Bahnen. Von den Hoftheatern nicht ermuthigt, sucht das dramatische Talent die zweiten Bühnen auf; statt der Jamben-Tragödien dichtet es Possen.

Die Posse bedingt die Existenz der Vorstadtbühnen Berlin's. Durch das Monopol des Hoftheaters, allein die „classischen" Trauerspiele aufführen zu dürfen, ist den zweiten Bühnen jede Erhebung aus der Tiefe zu den Höhen der Kunst abgeschnitten; selten oder nie erhalten die Schauspieler dieser Theater größere, bedeutendere Aufgaben, an denen sie heranreifen können; aus einer Farce taumeln sie in die andere. Wenn etwas auf Erden, so hat das tolle ausgelassene Lachen seine Berechtigung; nur weil wir lachen können, ertragen wir das Leben. Aber die Sache wird doch bedenklich, wenn diese Feste des „höheren" Blödsinns täglich auf fünf Bühnen wiederkehren, wenn niemals die Sonne der Kunst die lustigen Gespenster dieser Fastnacht verscheucht. Der Schauspieler des Hoftheaters weiß sich in einer unangreifbaren Stellung; er braucht sich nicht zu fürchten, je auf dem Wallner'schen oder dem Friedrich-Wilhelmstädtischen Theater einen Nebenbuhler zu treffen. Auf ein kleines Gebiet zurückgedrängt, haben die zweiten Bühnen nur die Wahl zwischen Lustspiel und Posse, und da in Hinsicht des ersten das Schauspielhaus mit ihnen wetteifert, müssen sie im Grunde stets zur letzten greifen. Sieht man von den hübschen, kleinen, einactigen Scherzen ab, in denen Kalisch und

Belly so oft das Schwarze in der Scheibe treffen, so macht die Berliner Possendichtung auf den Betrachter einen unbehaglichen Eindruck. Eine langgedehnte, eintönige, zusammenhangslose Handlung; witzige, mehr im Sinne des Spotts und der Verhöhnung, als im Sinne eines freien und echten Humors witzige Couplets, die an die Handlung angeflickt sind und im Munde der Personen, die sie vortragen, sich ausnehmen, als sänge Don Octavio die Arien Papageno's; allmälig festgewordene, stehende Typen des Kleinbürgers, der Berliner Köchin, eines geizigen Alten, einer halbgebildeten Dame aus den „höheren Ständen"; am Ende des zweiten Actes ein Tanz, ein Festaufzug: daraus setzt sich unwandelbar eine Berliner Posse zusammen. Die schwächeren Lustspiele Calderon's verdanken nicht der Phantasie, sondern den klugen Combinationen oft geschilderter Verhältnisse und Gestalten ihre Entstehung; dasselbe gilt weitaus von den meisten Possen. Aus dem engen und dürftigen Lebenskreise, in denen sich diese Schöpfungen bewegen, hat noch kein Dichter einen Flug in das Reich der Phantasie gewagt. Die Posse, wie sie jetzt ist, verdient das Verdammungsurtheil der ernsten Kritik im vollsten Maße; damit wird nicht behauptet, daß diese Dichtungsart nicht der höchsten und schönsten Entwicklung fähig sei. Das dramatische Talent der Deutschen offenbart sich in drei Gattungen: der Tragödie, dem Familienschauspiel und der Posse, zu der ich alle Märchen-Comödien zähle. Für das Lustspiel fehlt es unserm öffentlichen Leben noch zu sehr an scharf ausgeprägten Gestalten und Verhältnissen. Die Frauen spielen bei uns nicht die hervorragende Rolle der Französinnen; die Ehe, das Familienleben bewahren bei uns noch eine höhere Geltung, als daß der Dichter sie, ohne Anstoß zu erregen, etwa wie Scribe und seine Nachahmer, dem Gelächter preisgeben dürfte. Darum besitzen wir wohl ein und ein anderes treffliches Lustspiel; aber eine lange Reihe ausgezeichneter Comödien, mit den mannichfachsten und anziehendsten Sittenschilderungen, wie sie von Molière bis zu Augier der Ruhm des französischen Theaters sind, haben wir nicht und werden wir vielleicht niemals haben.

Anders ist es mit der Posse; Platen's „Verhängnißvolle Gabel" und „Der romantische Oedipus" sichern ihm auf dem Musenberge einen Platz in der Nähe des Aristophanes; in mehr als Einem dramatisirten Märchen Tieck's lebt und webt das groteske, phantastische Element der wahren Posse, die im Hohlspiegel der Phantasie uns das alltägliche, dürftige Leben zu einem tollen Fastnachtsscherz verklären soll. Man kann von der Posse nicht reden, ohne Raimund's zu gedenken; wenn er die Gegenwart erlebt, sein künstlerischer Sinn, sein Humor sich ihres bunten und reichen Inhalts bemächtigt hätte, welch' ein Nibelungenschatz würde seine Dichtung für das deutsche Theater geworden sein!

Als es klein war, hatte das Wallner=Theater etwas Eigenthümliches, gleichsam noch aus dem alten Berlin heraus. Dies kleine Haus hieß bei den Berlinern die „grüne Neune." Die Bühne war nicht größer als die Hand Simson's oder Goliath's gewesen sein mag. In den Rococoschlössern des vergangenen Jahrhunderts finden sich noch solche zierliche, gefällige Nipptheater, für die Spiele der Hofgesellschaft bestimmt. Die „grüne Neune" wob ein unzerreißbares Band um Schauspieler und Zuschauer; über die Lampen weg konnten sich beide die

Hand schütteln. Es war eine große Familie: die eine Hälfte unterhielt die andere. Hier wuchs und gedieh jenes vierblättrige Kleeblatt: Helmerding und Anna Schramm, Neumann und Reusche, die jedem Berliner so bekannt und lieb sind, wie die Siegesgöttin im Wagen auf dem Brandenburger Thor. Wollte Einer lachen, so wanderte er in die „grüne Neune". Schon dieser Name hat einen herzerfrischenden Klang, etwas Gemüthliches und Anheimelndes. Leer und kalt starren uns dagegen die Räume des neuen Theaters an. Zwar an Ausstattung, an feinem Geschmack übertreffen sie mit ihren Vorhängen, Draperien, ihren mattgeschliffenen Glaskugeln, dem hübschen Deckengemälde von Begas die anderen Theater Berlin's; selbst das Schauspielhaus nimmt sich wie ein Sperling gegen einen Paradiesvogel daneben aus; aber die Größe und Weite stehen kaum im Verhältniß zu dem Inhalt, den Stücken und den Kräften der Bühne. Der größere Raum fordert ganz andere Lazzi, eine stärkere Anspannung der Stimme, eine Uebertreibung in den Bewegungen, als der kleine, enggeschlossene. Was sich dort natürlich geben konnte, muß sich hier, um zu wirken, zur Carricatur bequemen; die armen, einactigen Possen kommen sich an jedem Abend wie verloren in der Weite der neuen Bühne vor: Singvögelchen, die ängstlich umherflattern, ohne einen sicheren Ruheplatz zu finden. Das Wallner'sche Theater wird, wie die Victoriabühne, am Ende der Enden die Ausstattungsposse als Schoßkind pflegen müssen.

Ihren Zweck erfüllen die Hoftheater nicht mehr, können ihn bei den politischen Zuständen der Gegenwart nicht mehr erfüllen; einen Einfluß auf die Menge üben sie nicht mehr aus. Die „classischen Dichtungen" sind in jedermanns Händen; durch die Vorlesungen in den Handwerker-Vereinen werden ihre Schönheiten, ihr Zauber auch denen zugänglich gemacht, die kein Theater besuchen. An den historischen Trauerspielen der modernen Dichter nimmt die Menge so wenig Antheil, als an den Uebersetzungen französischer Lustspiele. Die Posse, das Couplet: sie fesseln, sie reizen Alle. Sollten wir jemals ein deutsches National-Theater erwerben — ohne eine aristophanische Posse wird es nicht bestehen können. Die Aufgabe der Dichter wird es sein, das schmutzige, häßliche Kind der Gasse in den rosigen, blühenden, wenn auch ungezogenen Liebling der Grazien zu verwandeln.

Aber ich habe eins vergessen, daß dennoch das Theater eine Volksschule ist.

Die Wünsche des seligen Schiller werden, in anderer Weise, als er dachte, in Erfüllung gehen; wir werden zu einem Volk von Weisen werden. Mit dem Denken, worin wir es bekanntlich am weitesten gebracht, wird sich künftig positives Wissen verbinden; das Brockhaus'sche Conversations-Lexikon, die große wie die kleine Ausgabe, ist ein überwundener Standpunkt, jeder Deutsche wird ein lebendiges Lexikon. Aber kein trockenes, in Pergament gebundenes! Das Theater bewirkt diesen Umschwung. Schiller wollte die Bühne zu einer moralischen Bildungsanstalt erheben; leider geht von der Erfindung zur Ausführung auf so weitem Wege manches verloren; in unserm Falle blieb die Moral irgend wo hängen, dafür verfolgte die Bühne standhaft ihren Zweck, zu bilden, zu belehren. Am meisten: das Ballet. Ich hätte darum auch diesen Aufsatz „Sardanapalisches" überschreiben können, nur fürchtete ich die üble Nachrede. Sardanapal hatte schon bei seinen Lebzeiten, wie viel mehr nach seinem Tode, einen sehr bösen Ruf.

„Sardanapal" ist der Titel eines neuen Berliner Ballets: ein Ballet nicht im gewöhnlichen Sinne, sondern ein historisches; es entwickelt Geschichts-Philosophie und macht politische Anspielungen. Thomas Buckle, Stuart Mill und Layard haben daran gearbeitet, von Lord Byron ganz abgesehen. Hier offenbart sich die Mission des Ballets wieder einmal in wunderbarster Weise. Warum haben die deutsche Reformation und die französische Revolution ihre letzten Ziele nicht erreicht? Weil sie ihre tiefsten Gedanken nicht in einem Ballet niederlegen konnten. Erst der „getanzte Gedanke" erobert die Massen; der gesungene kommt dieser mächtigen Wirkung am nächsten; der gesprochene bleibt am entferntesten. Ein Tanzpas ist frei wie der Flug der Vögel, er kann vor keinen Untersuchungsrichter geführt werden. Darum lieben die Freien wie die Unterdrückten den Tanz. Ein Blick in eine ungemessene Weite eröffnet sich so dem forschenden Geiste; die einseitig ästhetische Betrachtung der Künste hat uns ganz ihren politischen und socialen Einfluß vergessen lassen. Welch' tiefer Sinn liegt darin, daß die Mythen der Hellenen, zuerst von Homer erfunden, darauf von den Schauspielern des Aeschylus, Sophokles und Euripides dargestellt, und schließlich von leichten Mädchen getanzt wurden! Das Ende aller irdischen Dinge ist die Parodie und das Ballet. Wer nie etwas von der goldenen Burg des Olymps gehört, sieht den zweiten Act von „Orphée aux enfers" und weiß mehr als Sokrates und Plato. Dasselbe gilt von unserm neuen Ballet.

Zwischen Euphrat und Tigris erheben sich gewaltige Schutthaufen; den größten dieser Hügel nennen die Umwohner mit bezeichnendem Wort „Grab des Jonas". Mehr als tausend Jahre vielleicht hat keine menschliche Hand daran gerührt. Erst in unsern Tagen wurde ihre heilige Unverletzlichkeit angetastet. Von englischen und französischen Gelehrten fanden hier Nachgrabungen statt; der Ruhm Aller sammelte sich auf das Haupt Layard's. Er ist der Entdecker dieser untergegangenen assyrischen Welt geworden; einer Welt und Cultur, die freilich nicht wie die Pfahlbauten der Schweizer See'n in die Urzeit hinaufreichen, aber doch ein ehrwürdiges Alter von dreitausend Jahren haben. Mit der Ausbeute dieser Forschungen, mit Säulenfragmenten, Sculpturen, Ziegeln mit Keil-Inschriften, schmückten sich die Museen von Paris, London, Berlin. Welchen Eindruck diese Trümmer auf das Volk machen, kann man an einem Sonntagsmorgen in dem Berliner Neuen Museum am besten studiren. Die Arbeiter, die Näherinnen, die Kinder, verweilen nirgends lieber als in dem aegyptischen Hof, vor den colossalen Steinfiguren, den buntbemalten Wänden mit den groteskten Figuren und den wunderlichen Darstellungen einer Jagd, einer Belagerung, eines Treffens, vor den Papyrusstreifen und den Mumien. Das, was uns hier leblos umgiebt, erscheint nun plötzlich, wie durch Zauberei heraufbeschworen, beseelt, mit badenden Nymphen und Cancan-Tänzerinnen in „holde Wirklichkeit" verwandelt, im Opernhause vor uns. Die Bogenschützen mit ihren ungeheuren „Flitzbogen" in rothen Gewändern, mit fliegenden schwarzen Haaren, stehen nicht länger nur gemalt an den Wänden, sie bewegen und tummeln sich vor uns. Feierlich und komisch zugleich schauen uns die bärtigen Männerköpfe auf Löwen- und Stierleibern, mit den steifen Flügeln des Greifen, oder, wie der Perser den Wundervogel nennt, der Simurg, an. Wir träumen einen assyrischen, einen babylonischen Traum.

„Denn ein Traum ist alles Leben
Und die Träume selbst sind Traum."

Als Lord Byron seinen „Sardanapal" schrieb, ganz in den Fesseln der tragischen Kunst der Franzosen, dachte er nicht an eine Bühnendarstellung. Unter gigantischer Maske schilderte er nur seine Empfindungen, seine Verhältnisse und Schicksale in diesem Trauerspiel. In der verstoßenen Gattin Sardanapal's, Zarina, erkennt jeder unschwer Lady Byron; der pathetische Abschied beider Gatten wiederholt nur das berühmte Gedicht:

„Lebe wohl, und wenn für immer,
Auch für immer lebe wohl!"

Ob die Griechensklavin Myrrha, die den assyrischen König trotz seiner Weichlichkeit und Schwäche liebt und ihm den letzten Dienst erweist, seinen Scheiterhaufen anzündend, ihr Vorbild in der Gräfin Teresa Guiccioli gehabt, will ich nicht entscheiden; unleugbar ist dagegen die Aehnlichkeit zwischen Sardanapal und Byron. Ninive sah dieselben Bacchanalien wie Venedig; zuweilen kam der Geist der Schwermuth über den König wie über den Lord; schade, daß Sardanapal noch auf keinem Judenkirchhof in der Nähe seines Palastes, wie Byron auf dem Lido, vernehmen konnte: „An den Wassern Babel's saßen wir und weinten." Was der Dichter nicht zu hoffen wagte, ist jetzt geschehen.

Vor einigen Jahren hat ein englischer Theater-Director dem erstaunten und entzückten Publikum London's das Trauerspiel „Sardanapal" hundertmal vorgeführt; bis auf die Sandalen Myrrha's herab war Alles historisch. Die letzte Erdenschwere an diesem Werk, das Wort, überwand darauf im herrlichen Siege unser Paul Taglioni: „Sardanapal" wird getanzt. Der philosophische und politische Bodensatz des Stoffes: Könige, die nichts gelernt haben, als Trinken, Essen und Tanzen, werden an irgend einem jüngsten Tage entthront, tritt im Ballet durch mimisch-plastische Darstellung in das hellste Licht. Stuart Mill's löbliche Meinung, daß auch die Frauen Staatsbürger wären und ihr Wahlrecht ausüben müßten, erhält durch das Geschick Sardanapal's neue Bekräftigung. Jedem Zuschauer prägt sich die Bemerkung auf: am Hofe des Königs sei Myrrha die klügste und gewandteste Person, ihre Füße weitaus die stärksten und schnellsten; wenn sie Staatsminister gewesen wäre, hätten die Angelegenheiten eine freundlichere Wendung genommen, und das arme Volk wäre zu Boden getanzt worden.

In Worten und Buchstaben läßt sich nur der Inhalt, nicht die bunte Märchenform des Ganzen wiedergeben. Es ist am Anfang der Geschichte, Palmen rauschen, silbern rollt der Euphrat seine Wasser majestätisch dahin, der Duft des Paradieses liegt über ihm, die Nachtigallen singen schon. Auf einen Felsen hat der gute König Sardanapal schreiben lassen: „Trinkt, eßt und liebt, alles Uebrige ist keinen Stüber werth". Nur eins vergaß er: woher das Geld zu all' dem Trinken, Essen und Lieben nehmen? Und so begegnet uns die sociale Frage im Beginn der gesellschaftlichen

Entwickelung, dieselbe räthselgebende Sphinx, die Lassalle und Proudhon entgegen gestarrt. Uns aber wiegen die Palmen und die Tänze der Mädchen ein. Hohe Ziegelbauten thürmen sich auf, in hellen Farben glänzen die Steine. Kostbare Teppiche bedecken den Boden der weiten Säle. Von Gold, Silber und Edelsteinen strahlen die Wände; dort drüben nur ist ein kleiner Fleck freigelassen, worauf die unsichtbare Hand „Mene Tekel Upharsin!" schreiben kann, wann sie will. Auf seidenen Kissen liegt der König mit seinen Höflingen. Da die assyrische Sprache in jeder Hinsicht eine todte, ist es ein feiner Zug, daß sie nicht mit einander sprechen und die Illusion nicht stören. Die einmal angeregte Phantasie geht im Orient spazieren. Semiramis erscheint uns, die von Tauben in der Wildniß genährte, die Schöpferin der hängenden Gärten; Nimrod der Jäger, der unwiderleglich beweist, daß nicht alle Könige von Gottes Gnade abstammen, sondern daß einige dem allgemeinen Stimmrecht ihre Erhebung verdanken. Von den Heroen schweift der Blick zu den Göttern. Sardanapal ist ein Ketzer; er will den Dienst des Bacchus in Ninive einführen und den langweiligen und umständlichen Cultus des Sonnengottes abschaffen. Ein Tanz der Satyrn und Bacchantinnen erinnert an Schiller's „Götter Griechenlands" ... „Da ihr noch die schöne Welt regiertet" ... Brauche ich das Ende Sardanapal's noch zu erzählen? Priester, Krieger, die Armen empören sich wider ihn. Die Revolution ist siegreich, der König wird in seinen Palast eingeschlossen, errichtet sich hier von all' den Kostbarkeiten, die wir im ersten Act bewundert, einen Scheiterhaufen und verbrennt sich darauf mit seinen Frauen.

Arthur Schopenhauer's pessimistische Weltanschauung triumphirt.

Wird das Ballet in dieser Weise ausgebildet, kein Zweifel, daß wir bald an der Spitze der Civilisation einherschreiten werden. Unter den Bildungsmitteln wird es die erste Stelle einnehmen; Geschichte und Archäologie, Philosophie und Politik vereinigt es in harmonischer Weise; als unnütz werden die Universitäten, die Philosophie-Professoren und Kammerredner abgeschafft. Ihren Platz erhalten die Tänzer und Tänzerinnen, die Decorationsmaler und Maschinenmeister. Als Inschrift setzen wir das Wort des berühmten Vestris auf den Theatervorhang: „Jeder große Tänzer muß ein tugendhafter Mann sein". Bei den Tänzerinnen versteht sich die Tugend, aus Galanterie, von selbst.

Die zweite Stelle in der Volkserziehung nimmt das Couplet ein. Nicht von einer gut erfundenen, geistvoll durchgeführten Handlung, nicht von charakteristischen Gestalten, der glückliche Erfolg einer Posse hängt von den Versen ihrer Couplet's ab. Das Couplet huldigt dem Materialismus; von jedem Dinge streift es den Schimmer der Schönheit ab, und betrachtet es nur nach seiner politischen und volkswirthschaftlichen Seite. Innerhalb der Couplet's lassen sich drei Rangstufen unterscheiden: Couplet's der Liberalen, zu denen ich alle „nationalen" Kundgebungen, bald für das einige Deutschland, bald für die „Annexion" Süddeutschlands rechne; Couplet's der Manchesterschule, welche den volkswirthschaftlichen Grundsatz besingen: „ubi bene, ibi patria", „am Golde hängt, nach Golde drängt doch Alles", „mehr Lohn, weniger Arbeit"; Couplet's der gemüthlichen Anarchisten. An einzelnen

Strophen dieser letzten Gattung kann sich auch ein gebildeter Geist erfreuen. Europa ist alt geworden; an Langerweile und an seinen Militairstaaten droht es hinzusiechen; nur eine Verjüngung durch die Aufhebung aller Staatsformen vermag es zu retten. Diese Ansichten vertreten die Couplet's der Anarchisten; sie schließen sich eng an die Meinungen Plato's in seiner „Republik", des Thomas Morus in seiner „Utopia", des Campanella in seiner „Civitas solis" an. Nur, was jene Männer in den Banden ihrer Zeit, mit ihren geringen Kenntnissen in der Naturwissenschaft und Statistik, mangelhaft in scholastischer Weise ausgesprochen haben, das singt der Coupletsänger frisch und frei, allem Volk verständlich. Aufhebung des Staates, des Eigenthums, gemüthliche Anarchie, allgemeiner Humor, ewige Jugend des Einzelnen und des Ganzen! Jeder edlere Mensch hat ähnliche Regungen gehabt, ähnliche Hoffnungen. Aber die Weisheit, die früher nur bei den Philosophen wohnte, geht jetzt auf der Straße. Hundert Leierkasten sind bemüht, ein gelungenes Couplet durch tausendmaliges Spielen selbst den Ohren der Kinder einzuprägen.

In den Tagen des Sokrates war die Ironie eine schwere Kunst: aus der „condensirten" Luft der Schauspielhäuser weht sie jetzt jeden an. Immer breiteren Raum gewinnt die ironische und satyrische Auffassung des Lebens. Früher genügten, um das Dasein erträglich zu machen, etwas Sentimentalität, Hölty'sche Naturschwärmerei und ein Gran Schiller'schen Idealismus. Diese Gewürze erweisen sich in der Gegenwart zu schwach, das Dasein hat für alle einen so bittern Beigeschmack erhalten, daß stärkere Reizmittel nöthig sind, ihn zu verbannen. Im Rom des Augustus ließ es sich noch mit den Eklogen Virgil's, den Oden des Horaz und den Elegien Tibull's leben; hundert Jahre später brauchte man schon die Satyren Juvenal's und Martial's Epigramme zur Stärkung der erschlafften Gaumen und Seelen. Dieselbe Umwandlung, in vergrößertem Maßstab, bei gesteigerter Cultur machen wir jetzt durch. Da wir den Militairstaat noch nicht zu einem Rechtsstaat erheben konnten, lachen wir über ihn. Vive la république! ist am Strand der Seine wie an dem der Spree verboten, vive la folie! an beiden erlaubt. Die Regierenden vergessen nur, daß so oft die Republik die Tochter der Thorheit gewesen ist.

Noch ein Hauptpunkt ist zu erwägen übrig. Die Bildung, die von den Balletten und Possen ausströmt, ist im ganzen mehr für das männliche als das weibliche Geschlecht berechnet. An dieser reichen Bildungstafel genießt die schönere Hälfte des Menschengeschlechts nur Brosamen. Barbaren allein können diese Vertheilung der geistigen Schätze billigen; so großem Mangel mußte abgeholfen werden: Frau Charlotte Birch-Pfeiffer erschien. Dankbar blicken zu ihr die deutschen Frauen empor. Als Schauspielerin verschwand sie zwar vor kurzem von der Bühne, als Schriftstellerin aber wird sie uns noch lange erhalten bleiben. Den neun Musen der Griechen muß es, ach! nachgesagt werden, daß sie den Umgang mit Männern dem mit ihren sterblichen Schwestern vorzogen. Schon ihr beständiger Verkehr mit Apollo, ihr Umherschweifen durch Schlucht und Thal wirft ein ungünstiges Licht auf ihren moralischen Charakter. Wie anders tritt Frau Charlotte Birch-Pfeiffer vor uns hin! Nichts von

Sappho's verzehrender Liebesgluth, von der Fackel, die Hero aus dem Thurm von Sestos leuchten ließ! Wir haben alle eine Jugend gehabt, und die Stürme, die um die junge Charlotte brausten, als sie der Liebling Rahel's war, lassen sich in ihren ersten Stücken, im „Hinko" und im „Pfefferrösel", nachempfinden: romantische Schauer, in denen die Dichterin einen Anlauf nimmt, auf den Blocksberg zu reiten. In „Rubens in Madrid" ist der ungestüme Sturm und Drang schon künstlerisch geklärt, und mit sicherem, nie mehr schwankendem Schritt naht sich „unsere Charlotte" dem Tempel Apollo's. Sie hat sich selbst und die Bedeutung ihres Genius erkennen gelernt. Was ist das Theater? fragt sie mit Hamlet. Eine Bildungsschule für Töchter gebildeter Stände und solche, die es werden wollen, antwortet sie. Auch dies war ein kühner Griff in's Leben, und er gelang viel besser, als Gagern's „kühner Griff" nach der deutschen Executivgewalt. Dahin ging der österreichische Reichsverweser, aber das „Lorle" und „Jane Eyre", die „Grille" und die „Marquise von Villette", welches deutsche Frauenherz wäre so grausam, ihnen nicht in seinem Heiligthume einen Platz zu gönnen? Selbst die rohen Männer werden von diesen vielgeliebten Schatten zur Theilnahme und zum Mitgefühl gezwungen. Gewiß besaßen Gretchen und Clärchen, Ophelia und Desdemona viel Gefühl, allein die Bildung fehlte ihnen.

Die Schülerinnen der ersten Klasse einer Berliner Mädchenschule erklärten, als ihnen diese Frage zu einem Probeaufsatz gestellt wurde, mit seltener Uebereinstimmung: eine Ehe zwischen Faust und Gretchen, Egmont und Clärchen würde nach Ablauf der Flitterwochen zu einer Scheidungsklage geführt haben. Die geistige Reife, die sich in diesem Urtheile ausspricht, wem verdanken wir sie? Den Schauspielen unserer Dichterin. Heute führt sie uns den „Backfisch" vor, der noch im „Flügelkleide" eine Pariser Pension besucht, morgen die Erzieherin dieses Backfisches. Der Backfisch hat Geld, die Gouvernante schöne Bildung. Ball spielt die eine, Hume's englische Geschichte liest die andere. Mit diesen Waffen erobern sich beide einen Mann; die reiche Holzhändlertochter heirathet einen deutschen Baron von Habenichts, die arme Gouvernante einen unermeßlich reichen Lord. Niemals ist der Sieg der Bildung über einen Bären in Menschengestalt so schön gefeiert worden, als in Jane Eyre's Sieg über den Lord Rochester. Im weiblichen Geschlechte regt sich der Drang nach Entwicklung, nach Emancipation. Sich frei hinzustellen von der Gewalt und dem Gelde der Männer, ist ein Wunsch, der die Seelen aller Frauen bewegt. Kaiserinnen und Königinnen gehen unter die Schriftstellerinnen, andere bilden sich zu Aerzten oder zu Setzern aus. Die Sucht und die Nothwendigkeit, Geld zu verdienen, beherrscht sie. Und wieder schafft Frau Charlotte Birch-Pfeiffer auch nach dieser Seite hin weibliche Ideale. Wenn Arabella Lee ihr Vermögen verjubelt hat, malt sie „bewunderungswürdige" Aquarellbilder und erhält mit deren Erlös sich und ihre armen Verwandten. Wohin das Schicksal auch das Lorle verschlagen hätte, sie versteht so viel von der Dreifelderwirthschaft, daß sie im fernsten Westen Amerika's ihren Unterhalt sich verdienen könnte. Alle Frauengestalten der Dichterin dürfen, unbeschadet der öffentlichen Ordnung, nach Stuart Mill's Vorschlag, das Stimmrecht, zu wählen und gewählt zu werden, erhalten; ein Recht, das doch kein Philosoph Shakspeare's Julia oder Göthe's Philine zusprechen wird. Glückliche Dichterin! die ganze weibliche Jugend Deutschlands vom fünfzehnten bis zum vierzigsten Jahre weiht dir fort und fort Thränenströme und Blumenkränze; du bist ihnen mehr als eine Muse, ihre Lehrerin, Bildnerin, mütterliche Freundin bist du! Unzählige Ehen sind im Anschauen deiner „Grille", deiner „Waise von Lowood" geschlossen worden…

Die flüchtigen Umrisse, die ich hier vom „Theater als Volksschule" zu zeichnen versucht, wird jeder leicht durch eigene Erfahrung zum Bilde zu vollenden wissen. Schiller und die Seinen dachten sich die Schaubühne erhabener, idealer, darum sind sie mit ihren Bestrebungen auch zu keinem Ziel gekommen; wir haben die Sache praktischer angefaßt und der Erfolg ist unzweifelhaft. Der Leser lächelt und vermuthet in diesen Aeußerungen etwas wie Reden des Labienus gegen Cäsar Augustus? Bewahre; mir ist es Ernst um die Sache, aber die Sache selbst fordert die komische Maske. An den Höfen des Mittelalters durfte nur einer die Wahrheit sagen… der Narr.

www.ingramcontent.com/pod-product-compliance
Lightning Source LLC
Chambersburg PA
CBHW020240170426
43202CB00008B/160